Orellana

Parkinson. Der Ratgeber für Angehörige

Amy Orellana arbeitet als Ergotherapeutin mit Menschen mit verschiedenen neurologischen Erkrankungen. Sie hat sich auf Morbus Parkinson spezialisiert und gibt Fortbildungen für Ergotherapeut*innen, hält Vorträge, gibt Kurse und berät Angehörige. Mehr erfahren Sie unter: www.parkinson-seminare.de

Amy Orellana

Parkinson Der Ratgeber für Angehörige

Wie Sie Ihren Alltag leichter gestalten und in Ihrer Kraft bleiben. Praktische Tipps aus der Ergotherapie

TRIAS

Liebe Leserin, lieber Leser,

Sie lesen dieses Buch, weil Sie einen Menschen kennen, der an Parkinson erkrankt ist. Vielleicht sind Sie der/die Partner*in oder das Kind des Betroffenen, vielleicht auch ein*e weiter entfernte*r Verwandte*r, ein*e Freund*in, ein*e Nachbar*in oder sonstige*r Bekannte*r. Auf jeden Fall liegt Ihnen die betroffene Person am Herzen.

Die Parkinson-Erkrankung ist komplex mit einer großen Bandbreite von Schwierigkeiten, die aus motorischen und nicht-motorischen Symptomen, Medikamentennebenwirkungen und zahlreichen Einschränkungen im Alltag bestehen. Die Zusammenstellung der Symptome variiert von Mensch zu Mensch und auch der Verlauf der Krankheit ist nicht immer gleich. Diese Ungewissheit erschwert den Umgang für die direkt Betroffenen und die indirekt Betroffenen (zu denen Sie zählen).

Wahrscheinlich haben Sie viele Fragen. Vielleicht suchen Sie hier Tipps für den Umgang mit der oder dem Erkrankten. Oder Sie wollen sich informieren und gut vorbereitet sein.

Jedenfalls setzen Sie sich aktiv mit Ihrer komplizierten Situation auseinander. Das ist ideal, denn diese Eigeninitiative wird Sie stärken. Sie werden in diesem Buch eine Stütze finden und viele Tipps für eine Erleichterung Ihres Alltags.

Was dieses Buch nicht bietet, sind medizinische Informationen zum Krankheitsbild, zum Verlauf oder zu Medikamenten. Dazu gibt es schon andere gut recherchierte Ratgeber. Vielmehr möchte ich Sie in diesem Buch auf Ihrem Weg begleiten. Ich möchte Rat geben und anregen und durch kleine Eigenübungen bekommen Sie die Gelegenheit, sich mit sich selbst und Ihrer Rolle als Angehörige*r auseinanderzusetzen.

Denn meist dreht sich im Alltag alles um den Menschen mit Parkinson. Diesen Fokus verschieben wir. Jetzt geht es um Sie!

Nicht alle Abschnitte des Buches werden für Sie relevant sein. Teilweise werden Symptome behandelt, die die erkrankte Person nicht zeigt. Auch die Medikamentenwirkungen, Persönlichkeitsveränderungen, sozialen Umstände und andere Gegebenheiten des Alltags variieren. Einige Abschnitte werden noch nicht, oder nicht mehr, auf Sie zutreffen. Andere Abschnitte des Ratgebers enthalten für alle Leser wichtige Informationen. Und dann wird es Kapitel geben, die Ihnen aus der Seele sprechen, bei denen Sie denken: »Woher kennt sie meine Situation so genau?« Suchen Sie sich am besten das heraus, was Sie im Moment beschäftigt. Und nehmen Sie das Buch immer dann zur Hand, wenn Sie eine Orientierungshilfe suchen.

Ich empfehle Ihnen, sich beim Lesen ein schönes Notizbuch zur Ergänzung dazuzunehmen. Es sind einige Reflexionsfragen und Eigenübungen enthalten. Wenn Sie sich Ihre Gedanken aufschreiben, können Sie tiefer einsteigen und werden mehr Aha-Erlebnisse haben.

Ich wünsche mir, dass Sie in diesem Ratgeber Unterstützung für Ihre große Aufgabe finden, für die Sie sich einsetzen, dass er Sie stärkt und Ihnen Zuversicht gibt.

Lassen Sie uns gemeinsam beginnen!

Amy Orellana

Ihr Umgang mit Parkinson

Die Parkinson-Erkrankung wirkt sich auf alle Lebensbereiche des Betroffenen aus, aber genauso auf das Leben der nahen Angehörigen. Wir schauen, was das bedeutet.

Krankheitsverarbeitung

Mit der Diagnose »Parkinson« bricht für viele Betroffene, aber auch für ihre Angehörigen, eine Zeit der Verunsicherung an, darum widmen wir uns zunächst der Krankheitsverarbeitung.

Stellen Sie sich vor, Sie und die betroffene Person machen sich für eine lange, lange Wanderung bereit. Vielleicht gehen auch andere Menschen den Weg streckenweise mit. Die Wanderung wird den ganzen Tag dauern. Sie sind diesen Weg noch nie gelaufen und kennen die genaue Beschaffenheit des Weges nicht. Doch Sie möchten gut vorbereitet starten, damit Sie die Wanderung gut überstehen. Und nicht nur das, Sie wollen die Zeit auch genießen und bewusst erleben.

Obwohl es nicht Ihre Krankheit ist, sind Sie als Angehörige*r doch mitbetroffen. Deshalb gilt es auch für Sie, die Krankheit zu verarbeiten. Die Auswirkungen auf Sie und Ihr Leben sind anders als die Auswirkungen auf den oder die Erkrankte. Deshalb lohnt es sich, sich mit Ihrer Situation genauer auseinanderzusetzen.

Umgang mit der Diagnose

Sie werden den Weg gemeinsam mit der betroffenen Person gehen und wahrscheinlich kommen noch andere Menschen mit. Es ist klar – dieser Marsch wird schwer. Sie sind verunsichert und machen sich viele Gedanken, wie Sie es am besten bewerkstelligen, was Sie brauchen werden, welche Hindernisse auf Sie zukommen, ob Ihre Kraft ausreichen wird und so weiter. Die betroffene Person reagiert vielleicht ganz anders, macht Witze, nimmt es auf die leichte Schulter oder möchte sich zunächst nicht mit der bevorstehenden Wanderung auseinandersetzen. Sie nehmen wahr, wie un-

terschiedliche Menschen unterschiedlich mit Herausforderungen umgehen. Und doch werden Sie den Weg zusammen gehen.

Die Ärztin oder der Arzt hat es ausgesprochen: »Es ist Parkinson.« Danach ist nichts mehr, wie es vorher war. Das ganze Leben verändert sich. Die Sicht auf alles ist anders. Zukunftspläne wirken plötzlich utopisch. Große Fragen werden aufgeworfen. Betroffene und Angehörige durchleben viele Emotionen.

Schon vor der Diagnose »Parkinson« haben die meisten Menschen einen belastenden Diagnostik-Marathon hinter sich. Viele Arzttermine, verunsichernde Vermutungen, nagende Ungewissheit, nervenaufreibende Wartezeiten und eine unterschwellige Angst vor der Zukunft.

Die Zeit nach der Diagnosestellung ist eine Zeit der tiefen Verunsicherung und kann viele unterschiedliche Gefühle hervorrufen; von Trauer und Hoffnungslosigkeit, über Gleichmut und Indifferenz bis hin zu Wut und Frustration. Es kann auch sein, dass einen eine große Müdigkeit überkommt. Der Umgang mit der Verunsicherung ist von Mensch zu Mensch sehr unterschiedlich. Viele ziehen sich zunächst zurück. Sie wollen allein sein, es mit sich selbst ausmachen und nicht darüber reden. Manche reden, so viel es geht, darüber. Sie suchen Gleichgesinnte oder Menschen, die Ähnliches erlebt haben. Andere machen weiter wie immer, arbeiten, gehen ihren Hobbys nach und vermeiden jeden Gedanken an »die Krankheit«. Wieder andere lesen jeden Schnipsel, den sie über Parkinson finden können: Websites, Bücher, Broschüren, Foren und Ratgeber.

Machen Sie sich Notizen zu Ihrem Umgang mit der Diagnose

Diese unterschiedliche Gefühlswelt und Umgangsweise sollte zunächst wertfrei wahrgenommen werden. In dieser ersten Phase darf man sich und dem Umfeld Zeit lassen und die Erlaubnis geben, dass jeder auf seine eigene Weise damit umgeht.

- Machen Sie sich bewusst, wie Ihre persönliche Art ist, mit der Diagnose Ihres bzw. Ihrer Angehörigen umzugehen. Schreiben Sie es wertfrei in Stichpunkten auf!
- Nun schreiben Sie stichpunktartig auf, wie die Person zurzeit damit umgeht, die die Diagnose erhalten hat. Bitte wieder, ohne zu werten.

Wenn sich die beiden notierten Umgangsweisen sehr unterscheiden, kann es zu Konflikten führen. Wenn Sie dies wahrnehmen, machen Sie sich bewusst, dass unterschiedliche Menschen unterschiedlich reagieren, und versuchen Sie, es so anzunehmen.

Hilfreiche Sätze können sein:

- Ich akzeptiere, dass mein*e Partner*in/Schwester/Vater … anders als ich mit der Diagnose umgeht. Ich bin ihr/ihm gegenüber wohlwollend.

- Auch wenn wir unterschiedliche Umgangsweisen haben, sind wir trotzdem liebevoll verbunden.
- Auch wenn wir mit der Diagnose unterschiedlich umgehen, werden wir es gemeinsam schaffen.
- Ich gebe mir und meinem bzw. meiner Partner*in/Freund*in/Mutter die Zeit, die Diagnose auf unterschiedliche Art und Weise zu verarbeiten.

Spricht einer dieser Sätze Sie besonders an? Dann schreiben Sie ihn gerne unter die Stichpunkte in Ihr Notizbuch. Oder formulieren Sie Ihren eigenen Satz, der Sie stärkt.

Auch im weiteren Verlauf findet immer wieder eine Anpassung der Krankheitsverarbeitung statt, denn die Parkinsonsymptome nehmen zu und der Alltag verändert sich Stück für Stück.

Die drei Ebenen der Krankheitsverarbeitung

Man unterscheidet bei der Krankheitsverarbeitung drei Ebenen: die kognitive, die emotionale und die handlungsbezogene Ebene. So wird der Verarbeitungsprozess eingeteilt und hilft uns auch bei der Selbstreflexion.

Kognitive Ebene: Die Krankheitsverarbeitung auf der kognitiven Ebene sind die Gedanken, die Sie sich über die Krankheit machen, welche Sorgen Sie sich machen und Ihr Umgang mit Informationen über die Krankheit und die daraus resultierende Situation.

Reflektieren Sie gern für sich:
- Machen Sie sich eher viele oder eher wenige Gedanken?
- Sind Ihre Gedanken eher sorgen- oder hoffnungsvoll?
- Denken Sie eher über die Vergangenheit oder die Zukunft nach?
- Informieren Sie sich viel oder lassen Sie die Dinge eher auf sich zukommen?
- Möchten Sie daran etwas verändern?

Emotionale Ebene: Die emotionale Ebene zeigt, wie sich Gefühle durch eine Erkrankung (des*der Angehörigen) verändern können.

Wie ist es bei Ihnen?
- Sind Sie eher ängstlich, bedrückt oder traurig? Oder haben Sie in sich neue Kräfte und positive Aspekte entdeckt?
- Sind Sie von Ihren Emotionen manchmal überwältigt oder ruhen Sie in sich und fühlen sich stabil?

Handlungsbezogene Ebene: Die Parkinson-Erkrankung Ihres*r Angehörigen wirkt sich auch automatisch auf Ihr Verhalten und Ihre Betätigungen im Alltag aus.

Beobachten Sie bewusst!
- Was tun Sie jetzt, was Sie früher nicht getan haben?
- Und was tun Sie nicht mehr, was Sie früher getan haben?

- Wie sehr hat sich Ihr Verhalten im Alltag verändert? Sind es nur einzelne, punktuelle Veränderungen oder hat sich fast alles geändert? Wie hilfreich oder hindernd sind diese Verhaltensweisen?
- Ist es für Sie so in Ordnung oder wünschen Sie sich etwas anderes?

Miteinander in Kontakt bleiben

*Am Anfang Ihrer Wanderung sind Sie und die*der Erkrankte noch etwas unsicher, deshalb lassen Sie sich Zeit. Sie machen sich keinen Zeitdruck. Sie gehen mit den Reisebegleitern und mit sich selbst sanft um. Sie fragen sich gegenseitig, wie Sie die Reise wahrnehmen, was eher leicht und eher schwerfällt. Ihnen fällt auf, dass, obwohl alle den Weg anders wahrnehmen und jede*r anders auf diese Reise vorbereitet ist, das gemeinsame Laufen etwas Tröstliches und Verbindendes hat.*

Wohlwollend zu sein, ist wichtig, damit die Verbindung zwischen Ihnen und dem*der Betroffenen bestehen bleibt. Zusammenhalt ist zum Durchstehen dieser schwierigen Zeit besonders wichtig. Zusammenhalt bedeutet nicht, dass Sie genau gleich handeln und denken müssen, sondern, dass Sie dem Handeln und Denken der anderen respektvoll gegenübertreten und sich gegenseitig stützen.

Signalisieren Sie der*dem Betroffenen Ihr Wohlwollen und Ihre Offenheit ohne Druck. Hier folgen einige Ideen dafür, wie Sie dies umsetzen können.

Zuhören

Nehmen Sie die erkrankte Person mit Neugierde und Interesse wahr, als wäre er oder sie Ihnen unbekannt. Geben Sie sich Mühe sie*ihn zu verstehen. Hören Sie zu, ohne mit Ihrer Meinung oder Ratschlägen zu antworten.

Fragen stellen

Fragen Sie nach, ohne zu werten.
Zum Beispiel:

- Möchtest du gerade über die Krankheit sprechen? Oder lieber über etwas anderes?
- Wie geht es dir?
- Machst du dir Sorgen? Worüber?
- Kann ich dich irgendwie unterstützen?
- Was würde dir gerade guttun?

Kleine Gesten

Manchmal sind kleine Gesten eine Hilfe, wenn etwas mit Worten (noch) nicht fassbar ist. Es sollten persönliche, wirklich kleine Handlungen sein. Überlegen Sie, was der*dem Betroffenen wichtig ist, was sie oder er gern mag, was ihr oder ihm guttut. Da dies individuell und persönlich ist, sind folgende Beispiele nur als Gedankenanstoß gedacht:

- eine Tasse Tee zubereiten
- eine Hand auf die Schulter legen
- eigenes Smartphone weglegen
- Wärmeflasche zubereiten
- eine kleine Notiz schreiben
- Anruf oder Nachricht per Smartphone
- ein aufmunterndes Lächeln
- sich Zeit nehmen (auch wenn gerade Stress ist)

Eigenes Befinden kommunizieren

Besonders in der ersten Zeit nach der Diagnosestellung dreht sich meist alles um die*den Erkrankte*n, denn natürlich erlebt sie oder er die Symptome und die Ungewissheit über den Verlauf des Parkinson. Das ist vollkommen nachvollziehbar, ein immenser Schock und eine große Erschütterung für die betroffene Person.

Und auch das Leben der Angehörigen wird verändert. Je nachdem, wie nah Sie der*dem Betroffenen sind, hat es auch immer einen Einfluss auf Ihr Leben. Leben Sie mit der*dem Betroffenen zusammen, hat es wohl eine sehr große Auswirkung, kommen Sie dagegen nur hin und wieder zu Besuch, wahrscheinlich eher eine kleine Auswirkung.

Es ist sinnvoll, sich vor der Kommunikation mit der*dem Betroffenen Gedanken darüber zu machen, inwieweit der Raum für die eigenen Gefühle im Moment gegeben ist.

Dazu können Sie sich folgende Fragen stellen:

- Wie lange ist die Diagnosestellung her? Hatte die*der Betroffene genug Raum und Zeit, die eigenen Gefühle und Sorgen wahrzunehmen?
- Habe ich dem*der Betroffenen genug die Möglichkeit gegeben, über ihre Gefühle und Sorgen zu sprechen?
- Wie nah bin ich der*dem Betroffenen?
- Ist jetzt der richtige Moment, über meine Gefühle zu sprechen?

Wenn die Antworten darauf hindeuten, dass ein solches Gespräch passend ist, sollten Sie es unbedingt führen. Denn Ihre Gefühle und Sorgen sind genauso wichtig, wie die des*der Betroffenen. Unterdrücken Sie Ihre Emotionen über längere Zeit, weil »die ja nicht so wichtig sind«, führt das zu Stress, Unzufriedenheit und manchmal auch Depressionen. Außerdem entsteht dadurch eine Distanz zwischen Ihnen und dem*der Erkrankten. Kommunikation schafft Nähe.

Versuchen Sie, Ihre Gedanken und Gefühle in »Ich-Sätzen« zu formulieren, z. B.:

- Ich mache mir Sorgen über ...
- Ich fühle mich zurzeit ...
- Ich wünsche mir ...
- Mir fehlt ...

Gemeinsam Zeit verbringen

Planen Sie bewusst, gemeinsame Zeit zu verbringen. Dabei sollte die Diagnose nicht im Vordergrund stehen. Bestimmt gibt es Lebensbereiche und Situationen, die nicht direkt von der Diagnose betroffen sind und die es erlauben, eine kleine »Auszeit« zu nehmen. Diese geben Ihnen die Möglichkeit, sich miteinander und nicht mit der Diagnose zu beschäftigen. Das heißt nicht, dass Sie etwas verdrängen. Der Verarbeitungsprozess kostet Sie und der*die Betroffenen Kraft, Sie dürfen sich gezielt überlegen, wo diese Ressourcen wieder aufgefüllt werden können. Oft wirkt gemeinsam verbrachte Zeit wie ein Aufladen des Akkus.

Machen Sie sich Gedanken, was Ihnen beiden Spaß macht oder was Sie früher verbunden hat. Das können Ausflüge sein, gemeinsame Hobbys oder Aktivitäten, regelmäßige Gespräche (auch per Telefon) oder eine kleine Reise. Machen Sie es so einfach wie möglich, sodass es komplikationslos wiederholt werden kann. Solche positiven gemeinsamen Erlebnisse stärken die Beziehung, sodass Sie in schwierigen Situationen zusammenstehen können.

Informierung

Zu Beginn der Wanderung kennen Sie sich noch gut aus, schließlich sind Sie noch in der Nähe Ihres Wohnortes. Doch Sie wissen, dass der Weg schon bald unbekannt sein wird. Sie bereiten sich darauf vor, indem Sie eine Karte besorgen, in der die Wege und Steigungen eingezeichnet sind. Auch Rastplätze und Aussichtspunkte sind markiert. Zur Sicherheit notieren Sie sich ein paar Websites und Telefonnummern, um auf dem Weg Unterstützung bekommen zu können. Dazu gehören der Wetterdienst, der örtliche Wanderverein und ein Online-Experte mit Tipps für lange Wanderungen. So sind Sie nicht auf sich allein gestellt, sondern haben immer schnell Expertenrat zur Hand.

Nach dem Erhalt der Diagnose häufen sich die Fragen: Was ist Parkinson überhaupt? Stirbt man daran? Welche Symptome können auftreten? Wie ist der Verlauf? Wie lange haben wir noch Zeit, bis die Symptome stärker werden? Ist Sport gut? Und welcher? Wann sollte mit Ergotherapie, Physiotherapie und Logopädie begonnen werden? Welcher Arzt ist der beste? Kann man mit Parkinson noch Fahrrad fahren, schwimmen, Sex haben? Wie wird unser Leben sich verändern? Gibt es noch andere Menschen in einer ähnlichen Situation? Können wir hier wohnen bleiben ...?

Dieser Schwall an Fragen kann überfordernd wirken. Studien haben gezeigt, dass eine Aufklärung in der Anfangszeit der Erkrankung Betroffenen und Angehörigen das Gefühl der Selbstwirksamkeit gibt. Man fühlt sich nicht mehr so ausgeliefert, sondern selbstbestimmt und damit stärker. Durch die aktive Auseinandersetzung mit dem Krankheitsbild »Parkinson«, können Sie informierte Entscheidungen treffen und sich auf das fokussieren, was im Moment wichtig ist.

Schriftliche Quellen: Dieser Ratgeber gibt bewusst keine Auskunft über Symptome und Krankheitsverlauf, denn dazu gibt es genug andere gute Ressourcen. Konkrete Empfehlungen zu Büchern, Links und Adressen finden Sie am Ende des Buches. Es gibt Erfahrungsberichte von Angehörigen und Betroffenen und allgemeine Ratgeber über Parkinson. Über folgende Wege können Sie weitere Informationen erhalten:

Vereine wie den Bundesverband Parkinson Youngster, die deutsche Parkinson Hilfe e. V., die Hilde-Ulrichs-Stiftung, den Parkinson Verbund e. V., die Deutsche Parkinson Vereinigung oder JUP – Jung und Parkinson

Zum Hören gibt es Podcasts, die gleichzeitig unterhalten und informieren.

Gruppen

- Facebookgruppe für Angehörige von Menschen mit Parkinson
- Onlinekurse für Angehörige
- Kurse für pflegende Angehörige
- Selbsthilfegruppen für Betroffene und Angehörige
- Selbsthilfegruppen für Angehörige

Fachpersonen

Die oben genannten Ressourcen sind zur allgemeinen Informierung. Bei konkreten Fragen zu Ihrer persönlichen Situation können Ihnen Fachpersonen spezifisch weiterhelfen.

Ihre Rolle als Angehörige*r verändert sich meist mit dem Verlauf der Erkrankung. Bei Diagnosestellung und in der direkt anschließenden Zeit sind Sie eher unterstützend und begleitend bei Arztgesprächen und Therapiesituationen dabei. Später werden Sie oftmals das Sprachrohr für die*den an Parkinson Erkrankte*n. Vor Allem wenn eine eingeschränkte Kommunikation oder beginnende Demenz besteht. So kommt Ihnen, vor allem im späteren Verlauf, oftmals eine Schlüsselrolle bei der Interaktion zwischen Betroffener*m und Fachpersonen zu.

Gewöhnen Sie sich daran, von Anfang an Fragen zu stellen. Insistieren Sie auf Transparenz. Wenn Sie nachfragen und auf eine freundliche Art auf Antworten bestehen, werden Sie von Ärzt*innen und Therapeut*innen als interessiert, wach und engagiert wahrgenommen. So werden Fachpersonen angehalten, ihr Handeln zu reflektieren und zu begründen. Ausschlaggebend für eine gute Zusammenarbeit ist natürlich ein freundlicher Umgang mit dem Fachpersonal; schließlich ist eine gute Atmosphäre vor allem für die*den Betroffene*n förderlich.

Welche Fachpersonen wann? Am Anfang kann es unklar sein, welche Berufsgruppe wofür zuständig ist. In der Tabelle ab Seite 18 finden Sie einen Überblick.

Über die Jahre, können Therapeut*innen zu Verbündeten gegen die Krankheit werden. Sie begleiten einen oft über lange Zeit und können zusätzlich zum sozialen Umfeld eine Stütze in schwierigen Phasen sein.

Sollte die*der Neurolog*in eine Therapie nicht verschreiben wollen, die Sie und die oder der Betroffene für sinnvoll halten, können Sie eine*n andere*n Ärzt*in darum bitten. Hausärzt*innen, Allgemeinärzt*innen, Orthopäd*innen und auch Psychotherapeut*innen können Ergotherapie, Physiotherapie und Logopädie verordnen.

Fachkliniken

Es ist sehr sinnvoll, als Mensch mit Parkinson regelmäßig eine Rehabilitation zu machen. Dort werden Medikamente angepasst und intensive Therapien angeboten. Viele Betroffene kommen motiviert und gestärkt aus einer Reha wieder. Es ist nicht zu unterschätzen, welche positive Auswirkung diese Pause auf pflegende Angehörige hat. Wenn Sie tagtäglich in die Betreuung und/oder Pflege involviert sind, ist ein Klinikaufenthalt für Sie entlastend.

In Deutschland hat man als gesetzlich versicherte Person mit Parkinson einmal im Jahr Anspruch auf eine Rehabilitation. Der Antrag auf Rehabilitation wird beim Kostenträger (meist die Krankenversicherung) gestellt. Hausärzt*in oder Neurolog*in können bei der Antragstellung unterstützen. Es gibt ein Wunsch- und Wahlrecht des Parkinson-Erkrankten, welche Klinik es sein soll, das vom Kostenträger berücksichtigt werden muss.

Die Deutsche Parkinsonvereinigung zertifiziert die Qualität von Parkinson-Fachkliniken und Rehabilitationszentren. Die Liste kann auf der Website der DPV eingesehen werden.

Gleichgesinnte suchen

Sie laufen nun schon eine Weile und obwohl Sie ja nicht allein unterwegs sind, fühlt es sich doch häufig recht einsam an. An einem Rastpunkt kommen Sie mit einer anderen Reisegruppe ins Gespräch. Sie stellen fest, dass sie ähnliche Erlebnisse und Schwierigkeiten hatten. Es tut gut, sich darüber auszutauschen, und Sie tauschen Telefonnummern aus, um auch auf dem weiteren Weg in Kontakt zu bleiben.

Wie immer im Leben ist es leichter, schwierige Zeiten durchzustehen, wenn man Gleichgesinnte an seiner Seite hat. Menschen, die in einer ähnlichen Situation sind und ähnliche Erlebnisse haben. Einen Menschen, mit dem man vollkommen ehrlich sein, sich auch mal über die*den Betroffene*n beschweren und die gesamte blöde Lage beklagen kann. Denn andere Angehörige verstehen Sie. Sie haben das Gleiche oder Ähnliches durchlebt und können Ihnen den ein oder anderen Tipp geben.

Zuständigkeiten rund um Parkinson

Fachperson	Wann	Worauf achten?
Neurolog*in	von Beginn an	Es ist wichtig, eine Neurologin zu finden, der Sie und die Betroffene vertrauen. Ein Allgemeinarzt ist nicht spezifisch für Parkinson ausgebildet. Sie sollte sowohl auf die Parkinson-Krankheit spezialisiert sein als auch einfühlsam auf die Gesamtsituation eingehen und gut zuhören. Sodass auch Sie sich als Angehörige*r mit Ihren Anliegen ernst genommen fühlen.
Pflegefachkraft	Ab einem Pflegegrad 2 hat man Anspruch auf Pflegegeld (D), damit kann eine stundenweise Unterstützung finanziert werden.	Ein mobiler Pflegedienst kommt anfangs oft einmal täglich, um z. B. Stützstrümpfe anzuziehen oder Medikamente zu geben. Später können sie beim An- und Ausziehen, Transfer aus dem und ins Bett, Hygiene, Toilettengang usw. unterstützen.
Ergotherapie	Sobald die Erkrankung sich im Alltag bemerkbar macht und Betroffene Betätigungen nicht mehr so gut ausführen können, die ihnen wichtig sind.	Suchen Sie eine Ergotherapeutin, die sich auf Neurologie oder spezifisch auf Parkinson spezialisiert hat. Sie sollte sich gut mit der Krankheit auskennen und natürlich sollte die Chemie stimmen. Ergotherapie wird ärztlich verordnet und kann bei Bedarf als Hausbesuch erfolgen.
Physiotherapie	Es wird dazu geraten, frühzeitig Sport und Fitnesstraining aufzunehmen.	Bei der physiotherapeutischen Intervention ist eine aktive Therapie besonders wichtig. Wenn der*die Parkinson-Klient*in meist auf der Liege liegt, suchen Sie besser eine*n Therapeut*in, die mit der*dem Betroffenen am oberen Leistungslimit trainiert und mit ihr ein wöchentliches Fitnesstraining erarbeitet. Physiotherapie kann bei Bedarf als Hausbesuch verordnet werden.

Ihre Rolle als Angehörige*r	Tipps
Im Anfangsstadium Begleitung und Unterstützung. Im Verlauf der Erkrankung immer mehr als Sprachrohr. Die Alltagsbeobachtungen von Angehörigen sind sehr hilfreich für die Arztperson, um Symptome zu erfassen, die evtl. in der Untersuchungssituation nicht beobachtbar sind.	Machen Sie mit der Betroffenen vor dem Arzttermin eine Liste. Nutzen Sie die Vorlage (Seite 129). Sie können jederzeit eine Zweitmeinung bei einer*m anderen Neurolog*in einholen, wenn Sie unsicher sind. Ein häufiger Wechsel ist nicht sinnvoll. Wenn Sie eine*n Neurolog*in gefunden haben, dem*der Sie vertrauen, bleiben Sie dort!
Vielen Angehörigen fällt es schwer, die Aufgabe des Pflegens abzugeben. Zum einen ist es sehr persönlich, zum anderen muss man den Tagesablauf an die Termine des Pflegedienstes anpassen. Es ist jedoch eine große Entlastung für Angehörige, von einer Pflegefachkraft Unterstützung zu bekommen. Nehmen Sie sie an!	Nehmen Sie frühzeitig Unterstützung einer Pflegekraft in Anspruch, nicht erst, wenn Sie überfordert sind. Fragen Sie im Bekanntenkreis nach guten Erfahrungen mit einem Pflegedienst. Kommunizieren Sie klar und freundlich mit den Pflegekräften. Wechseln Sie den Pflegedienst, wenn Sie unzufrieden sind.
Da Ergotherapeut*innen immer die Gesamtsituation der Klienten in die Therapie miteinbeziehen und in der Angehörigenberatung ausgebildet sind, gibt es hier immer Raum für Fragen und Anliegen der Angehörigen. Dies kann im Rahmen eines Gesprächs oder mit praktischen Tipps und Handhabung, z. B. bei Transfer aus dem Bett, erfolgen.	Langzeitverordnungen sind bei Parkinson möglich und auch üblich. In der Ergotherapie kann eine Therapiepause nach erreichtem Ziel Sinn machen, um die Therapie wieder aufzunehmen, wenn es wieder ein spezifisches Anliegen gibt. So bleibt die Motivation erhalten.
Fragen Sie die betroffene Person und die Physiotherapeut*in, inwieweit Sie bei der Therapie anwesend sein können/sollen.	Für ein evidenzbasiertes und intensives Training können Sie nach einem*r BIG-Therapeut*in suchen. Bei der BIG-Physiotherapie werden gezielt Übungen mit großem Bewegungsumfang ausgeführt, um der parkinsontypischen Verlangsamung und Verkleinerung der Bewegungen entgegenzuwirken.

Fachperson	Wann	Worauf achten?
Logopädie	Wenn Sprechschwierigkeiten oder Schluckbeschwerden auftreten.	Suchen Sie eine Logopäd*in, die sich auf Neurologie oder spezifisch auf Parkinson spezialisiert hat. Sie sollte sich gut mit der Krankheit auskennen und natürlich sollte die Chemie stimmen. Logopädie wird ärztlich verordnet und kann bei Bedarf als Hausbesuch erfolgen.
Psycholog*in für Betroffene	Wenn bei der*dem Betroffenen Persönlichkeitsveränderungen, Depressionen oder andere psychologische Auffälligkeiten bestehen.	Psychotherapie kann ohne ärztliche Verordnung direkt in Anspruch genommen werden. Gesetzlich Versicherte bekommen sie bezahlt, wenn die Psychotherapeut*in feststellt, dass eine psychische Erkrankung vorliegt.
Psycholog*in für Angehörige	Wenn Sie als Angehörige unter der Belastung leiden und dadurch eine depressive Verstimmungen haben.	Psychotherapie kann ohne ärztliche Verordnung direkt in Anspruch genommen werden. Gesetzlich Versicherte bekommen sie bezahlt, wenn die Psychotherapeut*in feststellt, dass eine psychische Erkrankung vorliegt.

Machen Sie sich klar, dass die Situation, ganz unabhängig vom Leiden der Erkrankten, auch für Sie belastend ist. Sie haben ein Recht darauf, gesehen zu werden und Unterstützung zu bekommen.

Eine gute Möglichkeit kann eine Selbsthilfegruppe für Angehörige sein. Dieses Angebot ist jedoch nicht so weit verbreitet wie Selbsthilfegruppen für Betroffene oder Betroffene und Angehörige. Bei Letzterer steht jedoch immer die erkrankte Person im Mittelpunkt, die Bedürfnisse von Familie und Freunden sind hier sekundär. Eine andere Option sind Online-Angebote. Vernetzen Sie sich über Facebook, Instagram oder in spezifischen Kursen für Angehörige. Wenn es in Ihrer Umgebung keine Selbsthilfegruppe gibt, können Sie selbst eine gründen.

Wenn Sie auf der Suche nach anderen Angehörigen zum Austausch sind, kann die Ergotherapiepraxis oder die neurologische Praxis eine gute Anlaufstelle sein. Diese kennt evtl. andere Personen, für die ein Austausch gewinnbringend wäre, und unterstützt beim Aufbau von Netzwerken.

Je nach Persönlichkeit passt ein Gruppenangebot vielleicht nicht so gut zu Ihnen und es reicht Ihnen der Kontakt mit einer Person, die in einer ähnlichen Lage ist. Sie können gezielt Angehörige ansprechen, die Sie bei Gelegenheit treffen oder online finden. Machen Sie ein Treffen

Ihre Rolle als Angehörige*r	Tipps
Fragen Sie die Betroffene und die Logopäd*in, inwieweit Sie bei der Therapie anwesend sein können/sollen. Für einen erfolgreichen Übertrag des Gelernten in den Alltag ist der Miteinbezug von Angehörigen wichtig.	Wenn sich die erkrankte Person häufig verschluckt oder Schwierigkeiten beim Schlucken hat, fragen Sie den/die Ärzt*in direkt nach Logopädie.
Meist ist nur die*der Betroffene in der Sitzung anwesend. Bei spezifischen Themen, die beide betreffen, kann hin und wieder ein*e Angehörige*r dazukommen.	
	Es gibt auch gute psychologische Online-Angebote. Dies kann eine Möglichkeit sein, wenn Sie zeitlich sehr eingebunden sind.

zum Kaffeetrinken aus oder schlagen Sie eine andere gemeinsame Aktivität vor.

Achten Sie allgemein darauf, dass Sie sich mit Menschen umgeben, die mit Zuversicht nach vorne blicken und positiv eingestellt sind. Denn das wird sich auf Sie übertragen und Ihnen helfen, optimistisch zu sein.

Zeit lassen

Immer wieder auf Ihrer Wanderung haben Sie das Gefühl, überfordert zu sein. Die Füße tun weh und Ihnen wird streckenweise schwindlig in den größeren Höhen. Sie machen sich klar, dass Sie diese anspruchsvolle Tour das erste Mal machen und nicht speziell dafür trainiert haben. Außerdem ist es ja kein Wettlauf. Also schalten Sie einen Gang zurück. Sie gehen langsamer und kommunizieren auch den anderen, dass Sie Zeit brauchen, um mit den vielfältigen Ansprüchen fertigzuwerden.

Nach der Diagnose kann es sich anfühlen, als würde einem der Boden unter den Füßen weggezogen werden. Die Wünsche und Vorstellungen der Zukunft geraten ins Wanken. Eine große Unsicherheit macht sich in einem breit.

Diese Verunsicherung kann bei direkt Betroffenen und indirekt Betroffenen (Angehörigen) auftreten. Wie schon oben beschrieben, geht jeder Mensch mit solch lebensverändernden Diagnosen unterschiedlich um. Jedoch ist es unmöglich, sich sofort ohne Schwierigkeiten an die neue Situation anzupassen. Die Verarbeitung der Information über die Parkinson-Diagnose braucht Zeit.

Lassen Sie die Diagnose erst einmal sacken. Kommen Sie zur Ruhe. Spüren Sie nach, was Sie gerade brauchen, was Ihnen gerade guttut. Tun Sie bewusst Dinge, die Sie stärken. Und glauben Sie an sich und Ihre Kraft! Erinnern Sie sich selbst an Ihre Fähigkeiten, die Sie im Laufe des Lebens gesammelt haben und die Ihnen in herausfordernden Zeiten weitergeholfen haben. Sagen Sie sich: »Auch wenn ich keine Ahnung habe, wie ich es schaffe, ich werde es schon schaffen!«

Wenn Sie zu Verdrängung unangenehmer Gedanken neigen, versuchen Sie dieses Riesenthema in Häppchen anzugehen. Nehmen Sie sich immer wieder eine Pause, um die Gedanken und Gefühle bewusst zuzulassen. Vielleicht hilft es Ihnen, mit jemandem zu reden oder die Gedanken und Gefühle aufzuschreiben.

Wenn Sie eher zu Aktionismus, also übertriebener Aktivität, neigen, atmen Sie zuerst durch. Nehmen Sie Ihre Gedanken und Gefühle wahr, ohne gleich zu handeln. Auch Ihnen kann das Sprechen mit Freund*innen oder das Aufschreiben helfen, in die erste Phase der Verarbeitung zu kommen.

Nicht selten fühlen sich Menschen nach einer schwerwiegenden Diagnose wie gelähmt. Das ist eine Zeit lang normal. Wenn Sie (oder die betroffene Person) sich jedoch niedergeschlagen fühlen und nicht aus den negativen Gedanken herausfinden, sprechen Sie unbedingt mit Ihrem*Ihrer Arzt/Ärztin. Er*sie kann mit Ihnen verschiedene Optionen besprechen, um mit der Diagnose ihres*r Angehörigen fertigzuwerden.

Zuversicht finden

Nach einer Biegung stehen Sie am Fuße eines großen Berges. Der Weg steigt steil vor Ihnen an. Er ist schmal und steinig. Ihr erster Gedanke ist: »Das schaffe ich nicht.« Entmutigt setzen Sie sich auf einen Baumstamm. Dort sitzend kommen Sie zu sich. Sie besinnen sich auf Ihre Stärke, Ihr Durchhaltevermögen und sammeln Zuversicht.

Nach dem Erhalt der Diagnose und auch im weiteren Verlauf der Erkrankung könnte es sein, dass Sie sich fragen, wie Sie das alles schaffen sollen. Es scheint ein schier unüberwindlicher Berg, der da vor Ihnen steht.

Wir unterschätzen oft unsere eigene Resilienz und unsere Fähigkeit, in herausfordernden Situationen gute Entscheidungen zu treffen. Das Leben ist ein gutes Training. Denken Sie an Ihren Lebensweg zurück. Bestimmt gab es Aufgaben, die

Sie angegangen haben, bei denen Sie am Anfang keinen Plan, keine Erfahrung und auch wenig Vertrauen in sich selbst hatten.

- Vielleicht haben Sie Kinder. Denken Sie daran, wie Sie Ihr Kind als Säugling gehalten haben, als frischgebackene Eltern.
- Vielleicht haben Sie mal ein Haus gebaut. Erinnern Sie sich wie Sie plötzlich allen möglichen neuen Aufgaben gegenüberstanden und wichtige Entscheidungen treffen mussten.
- Vielleicht können Sie sich erinnern, wie überfordert Sie sich gefühlt haben, als Sie in der Fahrschule das erste Mal hinter dem Steuer saßen.
- Vielleicht hatten Sie nach einem beruflichen Aufstieg oder Jobwechsel mehr Verantwortung oder ganz neue Aufgaben zu erfüllen.

Wenn Sie jetzt zurückdenken, stellen Sie fest: Sie haben es gemeistert. War es schwierig? Bestimmt! Gab es auch mal Rückschläge? Ja! Haben Sie Pausen gebraucht? Natürlich! Und dennoch: Sie haben es geschafft und Sie sind jetzt stolz darauf.

Spüren Sie nach, welcher dieser Sätze bei Ihnen Anklang findet. Wenn Sie möchten, schreiben Sie ihn auf:

- Ich vertraue mir, dass ich es gut meistere.
- Jetzt erst recht!
- Ich werde mein Leben lieben, auch wenn es herausfordernd ist.
- Ich habe Vertrauen darin, dass sich für alles eine Lösung findet.
- Ich erkenne mich selbst für alles an, was ich leiste.

Um sich selbst täglich an Ihre innere Kraft zu erinnern, schreiben Sie Ihren Lieblingssatz gern vorn in Ihren Notizkalender oder hängen ihn auf einem Post-it an den Kühlschrank oder an den Computer.

Akzeptanz

Plötzlich wird Ihnen auf Ihrem Weg Ihr Schatten bewusst. Dieser Schatten ist dunkel und kalt und macht Ihnen vielleicht Angst. Auf jeden Fall fühlt er sich sehr unangenehm an. Sie drehen sich vom Schatten weg. Versuchen, den Schatten loszuwerden, indem Sie mit Ihrer Taschenlampe draufleuchten. Sie machen die Augen zu. Sie malen mit Straßenkreide den Schatten an. Sie schreien ihn an, dass er weggehen soll. Sie laufen, so schnell es geht. Und teilweise klappt das auch. Der Schatten wird blasser, freundlicher, kleiner und verschwindet zeitweise auch ganz. Doch er kommt immer wieder, es ist eben ein Schatten.

Sie bemerken, wie viel Zeit Sie damit verbringen und wie viel Energie es sie kostet, den Schatten zu kontrollieren. Sie denken darüber nach, was Sie mit dieser Zeit und Energie sonst noch alles machen könnten. Sie könnten Sachen tun, die Ihnen wichtig sind. Sie stellen fest, wie viel freier Sie wären. Sie blicken zum Schatten hinüber. Und nicken ihn an.

Abstand gewinnen

Die Gedanken an die Zukunft und alle unberechenbaren Hindernisse und Schwierigkeiten können sowohl für Betroffene als auch für Angehörige überwältigend und unkontrollierbar sein. Kennen Sie das auch? Dass Sie die belastenden Gedanken am liebsten loswerden würden?

Unsere Gedanken laufen konstant auf Hochtouren und sehr automatisiert. Nehmen Sie sich bitte eine Minute Zeit. Stellen Sie einen Alarm auf Ihrem Smartphone ein, oder haben Sie eine Uhr mit Sekundenzeiger im Blick. Jetzt beobachten Sie bitte alle Gedanken, die Sie gerade haben. Los!

Bei mir hörte es sich etwa so an: »Soll ich meine Gedanken auch ins Buch schreiben? Hm, jetzt mach ich einfach und guck mal. Ganz schön kalt geworden. Ist ja auch besser für die Natur, endlich mal Regen. Grün. Mein Hals juckt. Doof. Egal. Was jetzt? Ach, fast eine Minute schon. Ich tippe gar nicht so schnell, wie ich denke. O.k. Egal. Dann schreib ich etwas länger. Nicht zu viel denken, einfach schreiben, hm, das ist ja denken …«

Unser Verstand denkt. Er denkt automatisiert, schnell und in Bruchstücken. Und die meisten Gedanken laufen unbewusst in uns ab. Oft in Schleifen.

Übung zur Akzeptanz

Denken Sie jetzt bitte bewusst an Ihre Situation als Angehörige*r. Nehmen Sie das Gefühl wahr, das dieser Gedanke in Ihnen auslöst. Wo spüren Sie es im Körper? Wie fühlt es sich an?
Nun nehmen Sie Ihre Situation hoch, als wäre es ein kleines Baby oder etwas ganz Zartes. Wenden Sie sich ihr zu. Sehen Sie sie aufmerksamen mit einem warmen Blick an.
Ihre Situation so anzunehmen, wie sie ist, die fortschreitende Krankheit Ihres Angehörigen zu akzeptieren? Das kann eines der schwierigsten Dinge sein. Schließlich hat sie Ihr ganzes Leben verändert, schränkt Sie beide sehr ein und bringt eine immense Belastung mit sich.
Akzeptanz bedeutet nicht, dass Sie die Situation gutheißen sollen. Es geht vielmehr darum, die Diagnose Ihrer*s Angehörigen und alle damit einhergehenden Umstände als Ihre Realität anzunehmen. Offen zu sehen: Ja, es ist grad so.

In der Acceptance und Commitment Therapy (ACT)[1] gibt es eine Methode, um zu lernen, seine Gedanken mit Abstand zu betrachten. Man gibt seinem Verstand einen Namen, z. B. Chippie. So können Sie ihm (oder ihr) zuhören und sogar antworten, und Sie werden sich bewusst, dass Sie nicht Ihre Gedanken sind. Seien Sie neugierig, wohlwollend und freundlich. Zum Beispiel: »Ach das denkst du gerade, Chippie. O.k., verstehe. Danke für deine Einschätzung.« Bewerten Sie die Gedanken nicht und versuchen Sie sie auch nicht zu kontrollieren. Allein durch die Wahrnehmung von außen bekommen Sie Abstand. Durch diesen Abstand bekommen Sie wiederum mehr Handlungsmöglichkeiten. Sie können sich fragen: »Ist dieser Gedanke hilfreich?«, »Ist dieser Gedanke wahr?«

In diesem Raum, der entsteht, wenn Sie Ihre Gedanken mit Abstand betrachten, entsteht eine Freiheit. Diesen Raum können Sie nun gestalten.

Angehörige im Mittelpunkt

Auf Dauer führt es oft zu einer Überlastung, wenn Angehörige im Laufe der Krankheit sich selbst immer hintanstellen. Darum ist mir dieses Kapitel ein besonderes Anliegen.

Denn sehr häufig erlebe ich in meiner Arbeit als Ergotherapeutin, mit wieviel Liebe und Fürsorge Menschen wie Sie sich um ihre betroffenen Angehörigen kümmern. Gleichzeitig stehen Sie nie im Mittelpunkt. Schließlich haben Sie ja nicht die Parkinson-Diagnose. Ärzt*innen, Freund*innen und Bekannte erkundigen sich meist nach dem Wohlbefinden des Erkrankten. Sie, als Angehörige werden dann vielleicht noch nachher gefragt, wie es Ihnen geht.

Wenn die Diagnosestellung schon eine Weile her ist, mehr und mehr Symptome bei der erkrankten Person auftauchen, Sie als Angehörige*r immer mehr Aufgaben übernehmen und Sie manchmal das Gefühl haben, dass sich auch die Persönlichkeit des*r Betroffenen verändert, dann werden Sie in diesem Kapitel viele Hilfestellungen finden.

Wenn die Be-lastung zur Über-lastung wird

Die Wanderung an sich ist für Sie schon eine Herausforderung mit den Steigungen, Wetterumschwüngen und teils schmalen Wegen. Weil es für die betroffene Person anstrengender ist, den Weg zu meistern, helfen Sie natürlich, wo es nur geht. Sie tragen gern die schweren Wasserflaschen und lassen ihn oder sie sich bei sich einhaken. Wenn besonders große Steine im Weg liegen, laufen Sie ein Stück voraus und rollen sie zur Seite, um den Weg wieder gemeinsam fortsetzen zu können. Sie machen das alles, ohne zu überlegen, schließlich sind

Sie fit. Doch hin und wieder zwickt der Rücken. Ganz langsam und fast unmerklich hat es sich eingebürgert, dass Sie mehr geben, als Ihnen guttut. Sie machen sich alle kleinen und großen Dinge bewusst, die Sie automatisch übernehmen. Dabei wird Ihnen klar, dass sich etwas ändern muss, damit Sie den langen Weg gut meistern.

Die Belastung wahrnehmen

Für die nächsten Angehörigen, die mit dem Menschen mit Parkinson zusammenleben, ist die Belastung meist am größten. Die Symptome nehmen stetig zu und damit auch die Abhängigkeit der* des Betroffenen. Durch die Bewegungsverlangsamung (Bradykinese) dauert jede Tätigkeit länger als früher, das Anziehen der Schuhe und der Jacke braucht eine halbe Stunde, man kommt ständig zu spät zu Terminen – die Geduld der Angehörigen wird auf die Probe gestellt. Die* der Parkinson-Betroffene benötigt immer mehr Hilfe. Knöpfe können nicht mehr allein geschlossen werden, das Drehen im Bett ist schwerfällig oder das Einkaufen ist nicht mehr allein möglich. Die*der Angehörige übernimmt selbstverständlich diese Aufgaben – es sind ja nur Kleinigkeiten. Doch mit der Zeit werden es immer mehr, die Belastung wird größer. Hinzu kommen oftmals Persönlichkeitsveränderungen und Kommunikationsprobleme, die die Beziehung strapazieren. Persönlichkeitsveränderungen sind ein Teil der Parkinsonerkrankung oder können mit den Medikamenten zusammenhängen. Sie zeigen sich bei jeder Person mit Parkinson etwas unterschiedlich. Es können depressive Verstimmungen, Antriebslosigkeit, fehlende Empathie, Euphorie, herabgesetzte Impulskontrolle, verminderte Motivation und Interesse und andere Veränderungen auftreten.

Für Angehörige ist es häufig einfacher, mit motorischen (die Bewegung betreffenden) Symptomen wie Zittern (Tremor), Verlangsamung und Steifigkeit umzugehen. Die kognitiven und psychischen Symptome können die Beziehung belasten und sind meist schwerer zu akzeptieren. Gleichzeitig haben Angehörige häufig ein schlechtes Gewissen, wenn sie sich überfordert fühlen.

Typische Schuldgedanken sind:

- Im Vergleich zu dem, was mein*e Partner*in/Elternteil ... durchmacht, sind meine Probleme ja Kinkerlitzchen.
- Ich kann mich doch jetzt nicht ausruhen, mein*e Partner*in/Elternteil ... braucht meine Unterstützung.
- Ich kann meine*n Partner*in/Elternteil ... doch nicht allein lassen, nur um einen Kaffee trinken zu gehen.
- Ich fühle mich schlecht, wenn ich ausgelassen bin, lache und das Leben genieße, während mein*e Partner*in/Elternteil so ein schweres Schicksal trägt.

Oftmals ist es die schleichende Zunahme der Be-lastung, die die Angehörigen in eine Über-lastung bringt. Es geschieht fast unmerklich. Mit einem Schlaganfall oder Unfall verändert sich die Lebenssituation von einem Tag auf den anderen. Beim Parkinson ist das anders, die Veränderung ist oftmals erst rückblickend zu erkennen.

Machen Sie sich Notizen, was Sie be- und überlastet

Sie können sich als Angehörige*r darauf vorbereiten, indem Sie sich bewusst machen, was Sie belastet. Ich lade Sie nun wieder zu einer Selbstreflexion ein. Wann haben Sie sich das letzte Mal überfordert gefühlt? Beschreiben Sie die Situation! Schreiben Sie es in Ihr Notizheft. Notieren Sie sich anschließend, woran Sie bemerken, dass Sie überlastet sind. Rufen Sie sich Ihre gerade beschriebene Überforderungssituation ins Gedächtnis

Reflektieren Sie dazu folgende Fragen:

- Was sind meine Gefühle, wenn ich mich überlastet fühle?
- Was sind meine Gedanken, wenn ich mich überlastet fühle?
- Was ist meine Reaktion, wenn ich mich überlastet fühle?

Beschäftigen Sie sich auch damit, welche Symptome oder Persönlichkeitsveränderungen Sie als Angehörige*n am meisten belasten.

Welches Bedürfnis steckt bei Ihnen dahinter? Zum Beispiel:

- Ich fühle mich nicht gesehen.
- Ich fühle mich einsam.
- Ich vermisse meine*n Partner*in/Elternteil ..., so wie er oder sie früher war.
- Ich habe nicht genug Zeit für meine Interessen.

Bezogen auf obige Liste, was wären Lösungsansätze, um Ihre Belastung zu reduzieren? Es müssen keine durchdachten Pläne sein. Machen Sie ein Brainstorming! Es kann auch hilfreich sein, sich zu überlegen, was Sie einer*m Freund*in raten würden, wenn sie oder er in der gleichen Situation wäre. Schreiben Sie bitte alles auf, egal ob realistisch oder unrealistisch.

Wenn Sie sich zu den obigen Fragen Notizen gemacht haben, kann es Ihnen in Zukunft leichter fallen, eine Belastung als solche wahrzunehmen und anzuerkennen. Lassen Sie sich nicht zu einem Vergleich mit den Schwierigkeiten der an Parkinson erkrankten Person verleiten, denn das hilft weder ihr noch Ihnen. Nehmen Sie sich in belastenden oder stressigen Situationen einen Moment Zeit, um die Lage zu erfassen. Was fühlen Sie, was denken Sie und wie reagieren Sie?

Diese Sensibilisierung für Ihre Situation ist notwendig, um im zweiten Schritt aktiv etwas gegen die Überlastung und für die Resilienz zu tun.

Vorschläge für Lösungsansätze

Gleich vorweg: Als nahe*r Angehörige*r eines Menschen mit einer degenerativen

Erkrankung gibt es Tage, an denen man das Gefühl hat, alles wird einem zu viel. Das soll nicht beschönigt werden. Der Parkinson ist eine scheußliche Krankheit mit Auswirkungen auf Betroffene und die Umgebung. Allein das Wissen, dass die dopaminproduzierenden Zellen im Gehirn stetig abbauen und die motorischen, psychisch/kognitiven und vegetativen Symptome stetig zunehmen, kann einen verzweifeln lassen. Wissenschaftler*innen fanden heraus, dass es einen direkten Zusammenhang zwischen Einschränkungen durch die Parkinson-Erkrankung, der Belastung von pflegenden Angehörigen und der psychischen Gesundheit der pflegenden Angehörigen gibt.[2, 3] Dabei wirken sich kognitiv/psychische Symptome des*der Betroffenen wie Demenz, Halluzination und Depression am stärksten auf die Belastung von Angehörigen aus.

Dieses Buch soll Ihnen eine Stütze sein in solchen schwierigen Momenten. Mit praktischen Tipps, Vorschlägen für neue Denkweisen und Lösungsansätzen.

Es ist meist leichter, einen Lösungsansatz zu finden, sobald man das Problem erkannt hat und ihm direkt ins Gesicht schaut. Im vorangegangenen Kapitel hatten Sie die Möglichkeit, sich mit den Belastungen Ihrer persönlichen Situation auseinanderzusetzen und auch schon erste Ideen für Lösungen zu notieren. Hier möchte ich Ihnen ein paar typische Probleme und mögliche Maßnahmen aufzeigen, die hilfreich sein können.

Helfen und helfen lassen

Egal auf welchem Abschnitt Ihrer Wanderung Sie sich befinden, kann es schön sein, von anderen Menschen begleitet zu werden. Sie können sich gegenseitig erzählen, wie der steinige Weg Ihnen zu schaffen macht. Der oder die Mitreisende gibt vielleicht den Hinweis, mal eine Zeitlang neben dem Weg auf dem Gras zu laufen.

Zudem achten Sie darauf, ob die andere Person noch gut mitkommt. Und Sie bitten um Hilfe, wenn Ihnen selbst mal die Energie ausgeht. Schließlich hat jeder Mensch andere Ressourcen und gemeinsam kommt man bestimmt besser ans Ziel. Einer hat Walking-Stöcke dabei und lässt sie von allen einmal benutzen, die andere teilt Traubenzucker aus und wieder ein anderer kennt fröhliche Wanderlieder, die die Stimmung heben.

Besonders schön ist es natürlich, den Zusammenhalt zu spüren und die schönen Momente zu teilen. Den wunderschönen Ausblick, den kleinen Frosch am Wegesrand, den Duft des Waldes.

In meiner langjährigen Arbeit als Ergotherapeutin hatte ich zahlreiche Angehörigengespräche, in denen Zweifel dagegen geäußert wurden, sich von außen Hilfe zu holen. Im Frühstadium der Krankheit fühlen sie sich meist noch nicht stark belastet und finden es unnötig; im späteren Verlauf, wenn der Arbeitsaufwand und Stress größer werden, finden sich viele Angehörige in der Situation wieder, ganz auf sich allein gestellt zu sein. Zum einen hat sich die Unterstützung und Pflege nun so gut eingespielt, dass der*-die Angehörige nun das Gefühl hat, die*-der Spezialist*in zu sein. Dies ist auch oft zutreffend. Schließlich kennt keine*r die besonderen Bedürfnisse und Eigenarten des*r Parkinson-Betroffenen so gut und Fremde wissen auch nicht, wo Taschentücher, der Lieblings-Trinkbecher und Unterlagen verstaut sind.

Zum anderen haben sich häufig Freund*innen und Bekannte nach und nach aus dem Leben der*des Betroffenen zurückgezogen, sodass keiner mehr übrig ist, bei dem man das Vertrauen hat, um Hilfe zu bitten.

Aus den oben genannten Gründen befürworte ich sehr, sich früh Hilfe zu holen. Früh bedeutet von Anfang an. Und Hilfe kann sehr vielfältig sein. Wenn Sie dieses Buch zur Hand nehmen, um Unterstützung und Ideen zu erhalten, haben Sie schon einen wichtigen Schritt getan. Machen Sie weiter so, suchen Sie auch in Ihrer Umgebung Unterstützung und Ideen.

Sollten Sie keinen engen Kontakt mehr zu Freund*innen und Bekannten haben, um mit gutem Gefühl um Hilfe zu bitten, nehmen Sie erstmal vorsichtig wieder Kontakt auf. Mit einem Anruf oder einer Einladung zum Teetrinken können Sie erspüren, ob die alte Verbindung noch besteht. Meiner Erfahrung nach sind Familie, Freund*innen, Bekannte, Nachbarn … meist dankbar, wenn sie um konkrete Unterstützung gebeten werden. Oftmals fällt es Außenstehenden schwer zu wissen, was wirklich hilfreich ist. Hinzu kommt vielleicht eine Unsicherheit bei der Kommunikation mit dem Betroffenen. Machen Sie als Spezialist für die Bedürfnisse Ihres Partners/Elternteils … konkrete Vorschläge!

Wie andere helfen und unterstützen können

Einige Ideen für Unterstützungsmöglichkeiten, die ich über die Jahre bei meinen Klienten und Klientinnen gesehen habe, sind in der nachfolgenden Auflistung zu finden:

- gemeinsame (regelmäßige) Ausflüge mit der*dem Betroffenen (gern ohne Sie als Angehörige, damit Sie Zeit für sich haben)
- einmal in der Woche warmes Mittagessen vorbeibringen
- vor dem Wocheneinkauf die kurze Frage »Soll ich euch was mitbringen?«
- geplanter Großeinkauf
- Begleitung zu Terminen (z. B. beim Sanitätshaus, Pflegeheim)
- »Fahrdienst« zu Therapieeinheiten, Arztbesuchen, Sportgruppen …
- Fernsehabend, Spieleabend o. Ä.
- technische Hilfe z. B. bei der Einrichtung von WLAN, neuem Smartphone
- finanzielle Unterstützung oder Geschenk (z. B. Antitremorlöffel, behindertengerechte Reise)

- Recherche über mögliche Gruppen, Therapien, Hilfen etc.
- Hilfe beim Bügeln
- Großputz
- Gartenarbeit

Ergänzen Sie diese Liste gern mit eigenen Ideen für Bereiche, in denen Sie sich vorstellen könnten, Hilfe anzunehmen. Schreiben Sie in Ihr Notizbuch die Unterstützungsidee und die Namen der Personen, die dafür infrage kommen.

Wenn Sie selbst eine entferntere Angehörige sind, die die an Parkinson Erkrankte und deren direkte Umgebung mehr unterstützen möchte, nutzen Sie diese Liste gern, um Ideen zu erhalten, wie Sie konkrete Hilfe anbieten können. Wenn Sie die Person mit Parkinson nicht so gut kennen, jedoch trotzdem Hilfe anbieten möchten, fragen Sie am besten direkt bei dem*der Erkrankten oder den nahen Angehörigen nach, was hilfreich wäre. Statt »Wenn ihr Hilfe braucht, sagt einfach Bescheid.« Besser: »Ich möchte euch gern unterstützen. Was kann ich machen, was wirklich hilfreich ist?« Oder: »Ich habe Dienstagnachmittag immer Zeit, da würde ich gern etwas mit H. unternehmen. Hast du einen Vorschlag?« Oder auch: »Du weißt, ich koche so gern. Ich würde montags gern Mittagessen für euch kochen, um euch etwas zu entlasten, oder wäre euch etwas anderes lieber?«

Hilfe anzubieten und Hilfe anzunehmen ist nicht immer eine einfache Angelegenheit. Nicht jede Unterstützung hilft auch wirklich. Wenn der*die Betroffene nach dem Ausflug überanstrengt nach Hause kommt und anschließend mehr Unterstützung beim Essen braucht, ist der Stress insgesamt eventuell größer als die Freude. Außenstehende greifen ja in den Tagesablauf ein. Dieser ist meist sorgfältig eingerichtet und reagiert sensibel auf äußere Einflüsse. Deshalb ist die kontinuierliche Kommunikation zwischen den Helfenden und denen, die die Hilfe annehmen, ein wichtiger Grundstein. Zusätzlich wird eine flexible Handhabung der Absprachen erforderlich sein, da die Parkinson-Symptome stark fluktuieren können.

Dies sollte den Helfenden klar kommuniziert werden. Machen Sie sich keinen Druck, angebotene Hilfe annehmen zu müssen. Es ist auch okay, geplante Unternehmungen kurzfristig abzusagen; es ist okay, statt der Wanderung nur einen Kaffee trinken zu wollen; es ist okay, lieber zu Hause zu bleiben. Sie können das z. B. so kommunizieren: »Hör mal, K., ich freue mich, dass du mit H. nächste Woche Kaffee trinken gehst. Es kann sein, dass ich kurzfristig absage, weil es am Mittwoch so heiß werden soll. Ich hoffe, wir können es dann spontan verschieben.« Das nimmt sowohl Ihnen als auch der Person mit Parkinson den Druck, wie auf Knopfdruck funktionieren zu müssen. Auf Seite 140 finden Sie einen Abschnitt, der sich speziell an entfernte Angehörige richtet.

Schuldgedanken entkräften

Auf Ihrer Wanderung haben Sie nach und nach Ihren Rucksack voller und voller geladen. Sie klagen nicht, obwohl Ihnen der Rücken bereits schmerzt, schließlich hat es die betroffene Person viel schwerer als Sie. Eine Freundin ruft an und lädt Sie zu einer Bootsfahrt ein, doch Sie sagen ab. Sie möchten die betroffene Person nicht allein den Weg gehen lassen. Doch Sie bemerken, dass Ihnen die Wanderung so wenig Freude macht.

Plötzlich entsteht ein schöner Moment. Der Wolkenhimmel öffnet sich und einzelne Sonnenstrahlen reichen bis zur Erde herunter. Sie setzen sich zusammen auf einen großen Stein und besprechen, wie es weiter gehen kann, ohne dass Sie in eine Überlastung kommen. Die betroffene Person ermutigt Sie, die Bootstour zu machen, während sie sich für eine kurze Zeit einer anderen Reisegruppe anschließt.

Gefühle von Verpflichtung gegenüber der*dem Parkinson-Betroffenen führen häufig dazu, dass pflegende Angehörige zu viel Belastung zu lange auf sich nehmen. Das kann zu Gefühlen von Stress, Anspannung und Überforderung führen, was sich negativ auf die Lebensqualität auswirkt.

Sie haben als betreuende oder pflegende Person auch Rollen neben der Rolle »pflegende Angehörige«, z. B. »Freund*in«, »Oma«, »Bruder«, »Kolleg*in« … und das ist auch wichtig, weil Sie da Kraft schöpfen können. Auch die Person mit Parkinson hat andere Rollen als nur »Parkinson-Erkrankter«: z. B. die Rolle des liebevollen Ehemanns, der seine Partnerin darin unterstützt, Erholung für sich zu finden. Damit wir im Alltag nicht ständig in ein und derselben Rolle feststecken, hilft es, sich diese anderen Rollen gegenseitig zu erlauben und sich gegenseitig zu unterstützen, diese Rollen zu entdecken, ohne Schuldgefühle.

Machen Sie sich Notizen zu Schuldgedanken und möglichen Alternativen

Wenn Sie hin und wieder Schuldgedanken haben, kann es sehr wertvoll sein, die Gedanken in Ruhe zu hinterfragen. Oftmals werden Sie feststellen, dass die Schuldgedanken Sie einschränken. Durch eine Umformulierung entsteht ein Perspektivwechsel. Daraus ergeben sich neue Handlungsmöglichkeiten.

Sie können die Liste in der Tabelle (siehe linke Spalte) dazu nutzen, um nachzuspüren, welche Schuldgedanken Sie manchmal haben. Wenn Sie einen entdecken, den Sie von sich kennen, lesen Sie bitte den alternativen Gedanken, der rechts danebensteht. Passt die Umformulierung gut zu Ihnen? Sie können ihn gern in Ihre eigenen Worte fassen und den Namen der betroffenen Person einsetzen.

Wenn einer der alternativen Sätze besonders bei Ihnen anklingt, schreiben Sie ihn auf eine Karte. Sie können die Karte verzieren und bemalen, wenn Sie möchten. Dann hängen Sie sie als tägliche Erinnerung an einen Ort, an dem Sie häufig vorbeikommen.

Körperliche Belastung

Sie haben die Zeit aus den Augen verloren. Wie lange laufen Sie nun schon? Das Laufen läuft komplett automatisiert ab. Sie bleiben stehen und schließen die Augen. Sie nehmen Ihre Füße wahr, wie sie Sie tragen, über Steine und Wurzeln, durch Gras und Schlamm bergauf und bergab. Ihre Füße brennen und sind heiß. Sie ziehen die Wanderstiefel aus und bewegen die Zehen in der Sonne. »Warum nicht?«, denken Sie und gehen die nächsten paar Hundert Meter barfuß. Sie nehmen den Untergrund bewusst war und verringern das Lauftempo. Das tut dem ganzen Körper gut. Sie bemerken, wie die Anspannung von Ihnen abfällt. Es ist gar nicht notwendig, immer schnell und stramm zu gehen. Sie kommen in Ihrer eigenen Zeit und auf Ihre eigene Art gut ans Ziel.

Mögliche Schuldgedanken erkennen und entkräften

Schuldgedanken	Alternative Gedanken
Im Vergleich zu dem, was meine Partnerin/mein Elternteil ... durchmacht, sind meine Probleme ja Kinkerlitzchen.	Die Tatsache, dass ich wegen der Einschränkungen meiner Partnerin/meines Elternteils großes Mitgefühl habe, macht meine Probleme nicht weniger berechtigt. Diese Situation ist für mich sehr schwer, und es ist o.k., das anzuerkennen.
Ich kann mich doch jetzt nicht ausruhen, mein Partner/Elternteil ... braucht meine Unterstützung.	Ich nehme mein eigenes Bedürfnis nach Ruhe und Erholung genauso wichtig wie die Bedürfnisse meines Partners/Elternteils.
Ich kann meine Partnerin/mein Elternteil doch nicht allein lassen, nur um einen Kaffee trinken zu gehen.	Meine Partnerin/mein Elternteil kommt ohne mich gut aus und mir tut die Zeit außer Haus sehr gut.
Ich fühle mich schlecht, wenn ich ausgelassen bin, lache und das Leben genieße, während mein Partner/Elternteil so ein schweres Schicksal trägt.	Auch wenn ... ein schweres Schicksal trägt, genieße ich das Leben, wann immer ich kann.
Da ich mich am besten mit der Pflege der erkrankten Person auskenne, kann ich diese Aufgabe nicht abgeben.	Auch wenn ich die erkrankte Person am besten kenne, kennen sich andere in einigen Bereichen genauso gut aus, oder ich kann es ihnen zeigen.

Über die Jahre nimmt die körperliche Belastung der pflegenden Angehörigen zu. Wenn Sie mit der betroffenen Person zusammenleben, übernehmen Sie immer mehr körperlich anspruchsvolle Aufgaben, die sie nicht mehr durchführen kann, z. B. schwere Dinge tragen, auf Leitern klettern und lange Autofahrten. Hinzu kommt die körperliche Anstrengung bei der Pflege – von Kleinigkeiten, wie Socken anziehen bis hin zu belastenderen Tätigkeiten wie Drehen im Bett.

Belastung spüren

Reflektieren Sie bitte ein paar Minuten Ihre momentane Situation!

- Auf einer Skala von 1 bis 10: Wie hoch schätzen Sie Ihre körperliche Belastung zurzeit ein?
- Wo im Körper spüren Sie die Belastung hauptsächlich?
- Haben Sie körperliche Symptome, z. B. Rückenschmerzen, Verspannungen, Schmerzen?

Idealerweise lernen Sie Ihren Körper gut kennen und nehmen eine drohende Überlastung wahr. Wir haben es meist nicht gelernt, auf unseren Körper zu hören. Nehmen Sie sich heute und morgen bewusst vor, auf Ihren Körper zu achten! Sie müssen nichts verändern. Führen Sie wie gewohnt Ihre täglichen Aufgaben durch. Dabei spüren Sie genau in den Körper hinein. Was ist anstrengend? Wo spüren Sie es? Wann treten starke Anspannung oder Schmerzen auf? Gibt es Tätigkeiten, bei denen Sie vor Anstrengung die Luft anhalten?

Schonung

Wenn Sie eine Tätigkeit identifiziert haben, die körperlich anstrengend ist, nehmen Sie sich heute bewusst die Zeit, ein wenig auszuprobieren. Am Beispiel der Unterstützung beim Aufsetzen im Bett möchte ich Ihnen vermitteln, wie Sie vorgehen können. Beim Drehen vom Rücken auf die Seite kann man als Unterstützer*in mit einem großen Ruck an Schulter und Becken der betroffenen Person den Lagewechsel durchführen. Zum einen fühlt sich das für den*die Erkrankte*n nicht sehr schön an. Zum anderen belastet die helfende Person den Rücken unnötigerweise.

1. Anleitung: Deshalb ist der erste Schritt, die*den Betroffene*n anzuleiten mitzumachen. Zum Beispiel: »Stell bitte deine Beine an.« Oder: »Greife jetzt mit der rechten Hand hier rüber, ich helfe dir.« So können Sie zusammenarbeiten und die Anstrengung verteilen. Außerdem fördern Sie so die Bewegungsfähigkeit des*der Parkinson-Erkrankten. Lassen Sie ihm oder ihr genügend Zeit, die Bewegung durchzuführen.

2. Tempo verringern: Beachten Sie, dass Parkinson die Bewegungen stark verlangsamt. Wenn Sie in Ihrer gewohnten Geschwindigkeit die Bewegung durchführen, kommt die*der Betroffene nicht mit und wird passiver, als er oder sie eigentlich ist. Zum Beispiel: »Bring jetzt deine Beine nach rechts aus dem Bett.« – Warten. – »Brauchst du Hilfe?« – Warten.

3. Hilfsmittel einsetzen: Lassen Sie sich von Ihrer*m Ergotherapeut*in oder Mitarbeitenden des Sanitätshauses beraten, welche Hilfsmittel Ihnen die Pflege erleichtern können. Und üben Sie den Einsatz und den Umgang damit. Zum Beispiel: »Zieh dich mal hier am Haltegriff rüber!«

4. Ausprobieren: Jeder Mensch dreht sich etwas anders zur Seite. Und je nach Tagesform variiert die Umsetzung der Bewegung auch. Probieren Sie also verschiedene Wege, wenn der gewohnte sich anstrengend anfühlt oder Sie das Gefühl haben, dass der Bewegungsfluss »klemmt«. Zum Beispiel eine Drehung im Bett kann auf unterschiedliche Arten eingeleitet werden:

- Kippen der angestellten Beine
- Drehung des Kopfes
- oberen Arm über dem Körper kreuzen
- mit einem Impuls am Becken
- mit einem Impuls an der Schulter
- mit etwas Zug am oberen Arm
- mit verbaler Anleitung
- mit einem Kissen oder einer Rolle im Rücken
- mit Musik
- mit Schwung
- zur anderen Seite des Bettes
- mit Einsatz von Cues (Seite 74)
- und vieles mehr

5. Hilfe holen: An besonders schwierigen Tagen oder wenn Sie eine Einschränkung haben (z. B. Rückenschmerzen, verstauchter Fuß, psychische Probleme), lassen Sie sich helfen. Bitten Sie andere Angehörige, Nachbarn, Bekannte oder den Pflegedienst um Hilfe. Fragen Sie nicht erst um Hilfe, wenn gar nichts mehr geht. Achten Sie auf Ihre eigene Gesundheit! Später mehr zum Thema »Drehen im Bett« (Seite 85).

Kräftigung und Ausgleich

Wenn Sie selbst die Pflege der betroffenen Person übernehmen möchten oder teilweise mithelfen, ist es wichtig, dass Sie Ihren eigenen Körper stärken. Finden Sie eine Sportart, die Ihnen Freude bereitet, Abwechslung bietet und Sie kräftigt. Mit zunehmendem Alter wird ein aktiver Erhalt Ihrer Fitness und Kraft wichtiger. Idealerweise sollte der Sport auch einen Ausgleich bieten, damit Sie den »Kopf frei« bekommen.

Folgende Sportarten sind dafür besonders förderlich:

- Krafttraining (Fitnessstudio)
- Yoga
- Schwimmen
- Joggen/Walken
- Rückengymnastik

Sicherheit

Ihre eigene Sicherheit und die der betroffenen Person sollte immer im Vordergrund stehen. Wenn Sie das Gefühl haben, überfordert zu sein, pressen Sie nicht weiter, sondern legen Sie zunächst eine Pause ein. Überlegen Sie, woran es liegt. Wirken die Medikamente gerade nicht gut? Ist die betroffene Person heute in einer schlechten Allgemeinverfassung? Gibt es Zeitdruck oder andere Stressfaktoren? Sind Sie heute nicht gut drauf? Ist heute einfach »der Wurm drin«?

Alle oben genannten Themen treten im Alltag jedes Menschen hin und wieder auf. Suchen Sie eine Lösung, die die Sicherheit und das Wohlbefinden von beiden ermöglicht. Lassen Sie die Dinge unperfekt und machen Sie Ausnahmen. So nimmt die Belastung ab und danach geht es vielleicht plötzlich wieder mühelos.

Das kann z. B. so aussehen:

- Frühstück im Bett
- Katzenwäsche statt Duschen
- Termin absagen
- für eine halbe Stunde hinlegen
- zuerst frühstücken, dann anziehen
- Boden morgen wischen
- Essen bestellen

Es lohnt sich auch, alle Handlungsabläufe in regelmäßigen Abständen unter dem Sicherheitsaspekt zu überprüfen und auch die Sicht von Außenstehenden zu beachten. Fragen Sie Therapeut*innen und andere Angehörige, ob sie Sicherheitsbedenken haben. In der täglichen Routine kann es sein, dass Sie selbst nicht wahrnehmen, dass sich der Zustand der*des Erkrankten verschlechtert hat oder Ihre Kraft abgenommen hat. Seien Sie kritisch und suchen Sie nach Lösungen.

Gehen Sie gedanklich Ihre Wohnung durch. Gibt es gefährliche Stellen? Schwellen, Treppen ohne Geländer, rutschigen Untergrund, einen verstellten Flur, herabhängende Kabel? Tragen Sie im Haus gut sitzendes Schuhwerk? Neigen Sie zu Hektik?

Arbeitsleben

*Mitten auf der Wanderung bekommen Sie auf dem Smartphone eine Nachricht von einer Kollegin. Es gibt eine wichtige Aufgabe, die sich unerwartet gestellt hat und die nur Sie übernehmen können. Sie wissen, dass die Übernahme dieser Zusatzaufgabe mit einem Extra-Bonus entlohnt wird. Sie fühlen sich hin und her gerissen. Einerseits möchten Sie die Wanderung genießen und Ihr*e Angehörige*r braucht Ihre Unterstützung. Andererseits könnten Sie das zusätzliche Geld gut gebrauchen. Und Ihnen macht diese Zusatzaufgabe an sich Freude. Diese Entscheidung können Sie unmöglich allein treffen. Sie setzen sich mit dem*der Erkrankten hin und machen gemeinsam eine Pro-und-Kontra-Liste.*

Viele pflegende Angehörige stehen mit Verschlechterung der Erkrankung vor der Entscheidung, Ihre Arbeit aufzugeben oder zu reduzieren. Sie haben das Gefühl, die Zeit oder die Energie reicht nicht, um sowohl zu arbeiten als auch die zunehmende Pflege der Betroffenen zu bewältigen. Dies ist eine sehr wichtige Entscheidung, die große Auswirkungen auf das gesamte Leben von Betroffenen und Angehörigen hat.

Wenn Sie vor dieser schwierigen Entscheidung stehen, lassen Sie sich Zeit. Bedenken Sie die Auswirkungen und die Alternativen gut. Vielleicht hilft es Ihnen, sich mit folgenden Fragen und Themen auseinanderzusetzen.

Finanzielle Auswirkungen

Fragen Sie sich:

- Welche finanziellen Auswirkungen hätte ein Rückzug aus dem Arbeitsleben oder eine Reduzierung der Arbeitszeit?
- Mit wem können Sie sprechen, um sich ein umfassendes Bild über Ihre finanzielle Lage zu machen?
  - **Arbeitgeber*in:** Welche Möglichkeiten gibt es seitens des*der Arbeitgebers*in, Ihr Gehalt zu erhöhen, Boni anzubieten, Homeoffice einzurichten, Arbeitszeiten zu verändern?
  - **andere Angehörige:** Wenn Sie hauptsächlich die Betreuung der*des Betroffenen übernehmen, können andere Angehörige, statt Zeit in die Betreuung zu investieren, eine finanzielle Unterstützung bieten.
  - **Finanzberater*in:** Ein*e Finanzberater*in hilft Ihnen, einen Überblick über Ihre finanzielle Situation zu bekommen und Optionen darzustellen (z. B. Ausbezahlung der Rentenversicherung).
  - **Krankenkasse/Pflegekasse:** Beim Thema Finanzierung der häuslichen Pflege können die Kranken- oder Pflegeversicherung Sie beraten.
  - **Pflegestützpunkt:** Erkundigen Sie sich, wo der nächste Pflegestützpunkt ist. Dort bekommen Sie eine umfassende Beratung über finanzielle Themen sowie viele weitere Themen wie Umbau oder Pflegeheim.

Identifizierung und Selbstwert

Der Beruf und die tägliche Arbeit ist bei unterschiedlichen Menschen unterschiedlich mit der eigenen Identität verknüpft und der Selbstwert kann mehr oder weniger damit zusammenhängen. Folglich kann sich auch das Niederlegen der Arbeit mehr oder weniger auf das Selbstwertgefühl und die allgemeine Zufriedenheit auswirken.

Folgende Fragen können Ihnen dabei helfen herauszufinden, wie stark Ihr Selbstwert mit Ihrer Arbeit zusammenhängt:

- Gehen Sie gern zur Arbeit?
- Welche Aspekte Ihres Jobs machen Ihnen Freude, welche weniger?
- Stellen Sie sich vor, Sie würden die Arbeit niederlegen, welche Gefühle ruft das in Ihnen hervor?
- Stellen Sie sich vor, Sie würden die Arbeit reduzieren, welche Gefühle ruft das in Ihnen hervor?

Sozialer Aspekt

Die sozialen Kontakte, die auf der Arbeitsstelle bestehen, können einen hohen Stellenwert haben und die Zufriedenheit im Job erheblich steigern. Kolleg*innen, Mitarbeiter*innen, Businesspartner*innen und Kund*innen können interessante und angenehme Kontakte sein.

Reflektieren Sie, wie Ihre persönliche Situation ist:

- Welche Menschen sind Ihnen in Ihrem Job wichtig? Dies können Namen sein oder Personengruppen (Klient*innen, internationale Kontakte …).
- Sind Ihre sozialen Kontakte eher in Ihrem Beruf oder außerhalb zu finden? Veranschaulichen Sie sich das gern optisch, indem Sie eine Skala zeichnen: Ganz links steht »Beruf«, ganz rechts »außerhalb«. Wo würden Sie Ihre sozialen Kontakte verorten?
- Würden Sie in dem Fall, dass Sie Ihre Arbeit niederlegen, gern mit einigen der oben genannten Menschen den Kontakt aufrechterhalten? Wenn ja, wie genau würden Sie das machen?

Sinnvolle Beschäftigung

Der Beruf kann Berufung und sinnstiftende Tätigkeit sein, die Rhythmus und Beschäftigung in unseren Alltag bringt. Wenn die berufliche Tätigkeit plötzlich wegfällt oder deutlich weniger Zeit in Anspruch nimmt, kann es passieren, dass man in ein Loch fällt und die Tagesstruktur in sich zusammenfällt. Andererseits kann es auch sein, dass Sie sich schon länger wünschen, mehr Zeit für andere Tätigkeiten zu haben. Würden Sie gern mehr reisen, eine neue Sprache lernen oder Ihr Hobby ausweiten? Oftmals ist es schwer, solch einen großen Einschnitt gedanklich vorwegzunehmen. Es lohnt sich aber, sich damit auseinanderzusetzen, um eine fundierte Entscheidung treffen zu können.

- Sehen Sie Ihre Arbeit eher als sinnvolle Beschäftigung oder als Notwendigkeit? Verdeutlichen Sie sich die Gewichtung gern wieder, indem Sie Ihre Einschätzung auf einer Skala eintragen (ganz links steht: sinnvolle Beschäftigung, ganz rechts: Notwendigkeit)
- Haben Sie außer Ihrer beruflichen Tätigkeit weitere Interessen? Oder haben Sie Interesse an einer neuen Aktivität?
- In welche würden Sie gern mehr Zeit investieren?

Lösungsansätze

Nach diesen Überlegungen zu Ihrer beruflichen Tätigkeit können Sie nun Lösungsansätze finden. Generell ist es ratsam, nicht zu schnell das Arbeitsleben aufzugeben. In einer Studie wurde festgestellt, dass das Ausscheiden von pflegenden Angehörigen neurologisch erkrankter Personen aus dem Arbeitsleben in den meisten Fällen starke negative emotionale Reaktionen bis hin zu depressiven Verstimmungen hat.[4] Dies sehen die Untersucher*innen in einem direkten Zusammenhang mit einer ausgeprägten Identifizierung mit der Arbeit und einer Stärkung der Selbstwerts durch den ausgeübten Beruf. Sie raten dazu, als Angehörige die eigenen Bedürfnisse und Wünsche bei der Arbeitgeber*in anzusprechen, um die Möglichkeit der Ausübung des Berufs möglichst lange zu erhalten.

Alternativen suchen

Sollten Sie nach der intensiven Auseinandersetzung mit dem Thema zu dem Schluss kommen, dass es die beste Lösung ist, die Arbeit aufzugeben oder zu reduzieren, überprüfen Sie, ob Sie Alternativen zu den obigen Punkten haben.

Finanzielle Absicherung: Steht für Sie die finanzielle Absicherung im Vordergrund, überlegen Sie, welche anderen Möglichkeiten Sie haben, sich finanziell abzusichern, ob Sie Anspruch auf mehr finanzielle Unterstützung von Seiten der Krankenkasse haben oder ob eine Verlagerung der Prioritäten finanzielle Erleichterung bringen könnte (z. B. Umzug, weniger reisen).

Identifizierung mit dem Job: Ist Ihnen dieser Punkt sehr wichtig, machen Sie sich Gedanken darüber, ob es eine Chance gibt, etwas Ähnliches in einem anderen Rahmen zu praktizieren, eventuell auf Honorarbasis oder ehrenamtlich. Gegebenenfalls existiert ein anderes Tätigkeitfeld, das Ihnen ein Anliegen ist und in das Sie sich stärker einbringen könnten.

Sozialer Aspekt: Wenn Ihnen die sozialen Kontakte im Job viel wert sind, kann es sich lohnen, das Thema mit Kolleg*innen oder Kontakten anzusprechen. Vielleicht findet sich eine weitere Gemeinsamkeit, um die Treffen in eine neue Umgebung zu verlagern. Des Weiteren können Sie Bekanntschaften und Freundschaften aus anderen Bereichen wiederaufleben lassen oder neue knüpfen.

Beschäftigung: Geht es Ihnen hauptsächlich um die Beschäftigung, lohnt es sich, Ihre Betätigungen näher zu betrachten. Möglicherweise haben Sie ein Interesse, dem Sie jetzt mehr Zeit einräumen können. Es können alte, fast vergessene Hobbys sein, Beschäftigungen, die Ihnen Freude bereiten, Sie bisher jedoch nicht genug Zeit dafür hatten, oder neue unerforschte Interessen. Probieren Sie Neues! Seien Sie spielerisch!

Eigene Lebensqualität steigern

Diese Wanderung machen Sie gemeinsam und trotzdem haben Sie einen gewissen Freiraum, um sie so zu gestalten, wie Sie es möchten. Jeder Mensch hat eine andere Vorstellung einer »guten Wanderung«. Der eine möchte die sportliche Herausforderung bewältigen, der Nächste genießt die Natur und wieder ein anderer ist vielleicht gern in Gemeinschaft aktiv.

*Es ist ratsam, dass sich die Reisenden darüber austauschen, was ihnen wichtig ist, und jede*r dafür sorgt, dass es Zeit und Raum für seine oder ihre eigenen Interessen gibt. Vielleicht erkundet die sportliche Person einen extra Gipfel, während sich die anderen bei einer ausgiebigen Pause gemeinsam am Bergpanorama erfreuen. So haben alle Reisenden ein individuelles, positive Erlebnis.*

Überlegen Sie bitte, was Sie in den letzten 14 Tagen ganz bewusst für sich selbst getan haben. War es für Ihr Empfinden genug? Oder möchten Sie Ihre eigenen Interessen gern mehr verfolgen?

Im Gespräch mit Angehörigen berichten viele, dass sie sich zuerst darum kümmern, dass es der erkrankten Person gut geht, der Haushalt gemacht ist, die Arbeit erledigt, und dann sehen, ob noch Zeit für sich selbst übrigbleibt. Das spricht für eine große Fürsorge und Zuneigung. Ich habe tiefen Respekt vor solch einem liebevollen Engagement und es gebührt den Angehörigen große Anerkennung für alles, was sie leisten. Denn den meisten Außenstehenden ist der volle Umfang dieser Aufgabe nicht bewusst. Wie häufig erkennen Sie sich selbst dafür an? Bitte nehmen Sie sich ein paar Atemzüge Zeit, genau das zu tun! Geben Sie sich die Erlaubnis, Ihr Engagement zu würdigen.

Einem Burnout vorbeugen

Jetzt möchte ich nochmal zurück zum Thema »eigene Interessen« kommen. Bei so einem großen persönlichen Einsatz kann es, genau wie bei einem großen Einsatz im Beruf, zu einem Burnout kommen. Dabei fühlt man sich ausgebrannt, hat wenig Energie und Freude im Alltag. Man sieht alles eher negativ und möchte am liebsten einfach hinschmeißen.

Hatten Sie selbst schon einmal solche Augenblicke, in denen alles schwer schien? Solche Momente sind zwischendurch normal. Wenn Sie jedoch das Gefühl haben, dass sie sich häufen oder lange Zeit am Stück bleiben, könnte auch eine beginnende depressive Verstimmung dahinterstecken. Wenden Sie sich dann unbedingt an Ihren Arzt oder Ihre Ärztin. So kann Ihnen gleich von Beginn an Hilfe angeboten werden.

Um einem Burnout vorzubeugen, ist es essenziell, dass Ihre eigene Lebensqualität erhalten bleibt. Im Englischen gibt es den Spruch: »You can't pour from an empty cup.« (»Man kann nicht aus einer leeren Tasse gießen.«) Achten Sie also immer darauf, dass Ihre Energiereserven gefüllt sind. Dann werden Sie Ihre große Aufgabe als Angehörige eines Menschen mit einer degenerativen Erkrankung erfüllen können, ohne sich selbst zu zerschleißen.

Felce und Perry (1995) definieren Lebensqualität so[5]: »Ein allgemeines gesamtes Wohlbefinden, dass aus objektiven Faktoren und subjektiven Bewertungen von körperlichem, materiellem, sozialem und emotionalem Wohlbefinden besteht. Dazu kommt der Grad persönlicher Weiterentwicklung und bedeutungsvoller Aktivität. Dies alles wird durch die persönlichen Werte gewichtet.« (von Autorin übersetzt)

Anhand dieser Definition möchte ich Sie zu einer Reflexion Ihrer eigenen Lebensqualität anhand der fünf Bereiche **körperliches, materielles, soziales** und **emotionales Wohlbefinden** sowie **persönliche Weiterentwicklung und bedeutungsvolle Aktivität** einladen. Anschließend finden Sie zu jedem Punkt Beispiele dafür, wie Angehörige mit ihrer Situation umgehen.

Ihr körperliches Wohlbefinden

Wie würden Sie Ihr subjektives physisches Wohlbefinden bewerten? Also wie ist Ihre körperliche Verfassung? Fühlen Sie sich fit? Haben Sie Verspannungen oder Schmerzen? Sind Sie kräftig und beweglich? Fühlen Sie sich ganz allgemein wohl in Ihrem Körper? Schreiben Sie dazu gern ein paar Notizen in Ihr Büchlein, um die Gedanken zu sortieren.

Wenn Ihre Einschätzung eher positiv ist und Sie mit Ihrer körperlichen Verfassung zufrieden sind, ist das hervorragend. Ein gesunder, fitter Körper ist viel wert und wird Ihnen helfen, mit körperlichen Anstrengungen gut umzugehen.

Wenn Sie eher zu dem Schluss gekommen sind, dass es Ihrem Körper nicht so gut geht oder bestimmte Körperteile eingeschränkt oder weniger kräftig sind, lohnt es sich, gezielt Zeit in Ihren Körper zu investieren. Natürlich ist es im Rahmen dieses Buches unmöglich, alle denkbaren körperlichen Belastungen und Einschränkungen zu behandeln. Ich möchte ein paar typische Beispiele aus meiner Praxis aufführen und Sie auffordern, sich aktiv mit Ihrem Problem auseinanderzusetzen, um einen Lösungsweg zu finden. Sie sind es wert!

Beispiele aus meiner Praxis

Der Betroffene ermutigt Frau Z.: »Kümmere dich auch um dich!«

» *Frau Z. hat schon länger einen eingewachsenen Zehnagel. Das ist äußerst schmerzhaft. Trotzdem hat sie noch keine Zeit gefunden, damit zum Arzt zu gehen. Schließlich gibt es bei Ihrem Vater, der an Parkinson erkrankt ist, immer viel zu tun. Sie fährt dreimal die Woche vorbei, um seinen Haushalt zu machen: putzen, waschen, vorkochen, aufräumen, einkaufen. Einmal die*

Woche hilft sie ihm beim Duschen. Dann gibt es noch die Arzttermine und gelegentlich Ausflüge. Zu Hause hat sie ja noch ihre eigene Familie und ihren Haushalt zu versorgen. Da ist der Zeh unwichtig.

Als sie es ihrem Vater nebenbei erzählt, ist er verärgert. »Pass auf dich auf! Wenn sich der Zeh entzündet, kann das ein richtiges Problem werden. Lass uns doch M. (Sohn) fragen, ob er nächste Woche zum Helfen kommen kann, und du kümmerst dich um dich.«

Herr T. muss auch etwas für die eigene Gesundheit tun

» *Jedes Mal, wenn Herr T. seiner Frau aus dem Bett hilft, hat er Schmerzen im Rücken. Seine Frau ist im letzten Jahr wesentlich unbeweglicher geworden. Außerdem übernimmt er schon lange alle Tätigkeiten im Haushalt, außer dem Kochen.*

Er kennt es schon von früher: Immer, wenn es stressig wird, bekommt er Rückenschmerzen. Er weiß genau, was er dafür tun muss, damit die Schmerzen wegbleiben. Eine gute Mischung aus Sport und Bewegung sowie Pausen und Entspannung. Doch dafür braucht er Zeit, die ihm fehlt. Nachdem er das erkannt hat, entscheidet er, mit seiner Schwägerin Kontakt aufzunehmen. Sie hat schon mehrfach angeboten, im Haushalt zu helfen, wenn ihre Schwester einen schlechten Tag hatte. So richtet sich Herr T. zwei Vormittage die Woche ein, an denen er etwas für seine Gesundheit tut.

Frau S. erkennt: »Ich muss fit bleiben, wenn ich da gut durchkommen will!«

» *Frau S. sitzt am Küchentisch. Sie hat ein Foto in der Hand von sich bei der Leichtathletik. Sie war schon immer fit und stark. Es fühlt sich an wie eine Ewigkeit her, seit sie so fit war, obwohl erst drei Jahre seit der Diagnose ihres Mannes vergangen sind. Sie überlegt, warum sie sich vom Sport zurückgezogen hat. Irgendwie war ihr alles zu viel nach der Diagnose ihres Mannes: »Parkinson« mit 40 Jahren; dann noch die Arbeit und die Kinder. Sie waren ein paar Mal bei einer Selbsthilfegruppe, sie weiß, dass es in Zukunft nicht einfacher wird. Da wird es ihr plötzlich richtig bewusst: »Ich muss fit bleiben, wenn ich da gut durchkommen will!«* «

Aus vorherigen Beispielen können folgende Punkte abgeleitet werden:

- Lassen Sie Krankheiten oder Verletzungen zeitnah behandeln.
- Holen Sie sich Hilfe von anderen Angehörigen.
- Organisieren Sie sich professionelle Unterstützung.
- Achten Sie auf körperliche Fitness.
- Lernen Sie, auf Ihren Körper zu hören.

Materielles Wohlbefinden: Ihre Finanzen

Der zweite Faktor, der zu einer guten Lebensqualität beiträgt, ist das materielle Wohlbefinden.

Reflektieren Sie jetzt bitte Ihre Situation:

- Haben Sie das Gefühl, »genug Geld« zu haben?
- Können Sie sich die wichtigen Dinge im Leben leisten?
- Wie wichtig ist es Ihnen, einen hohen Lebensstandard zu haben? Können Sie die negativen Umstände, die die Parkinson-Erkrankung auf Ihr Leben hat, teilweise mit finanziellen Mitteln ausgleichen, um den Alltag zu erleichtern (z. B. hochwertiger Staubsauger, Haushaltshilfe, Antitremorlöffel)?

Wenn Sie die obigen Fragen mit Ja beantworten konnten, ist der materielle Aspekt der Lebensqualität bei Ihnen abgesichert. Wenn Sie bei dem Thema immer mal wieder an Ihre Grenzen kommen, können Sie sich vielleicht mit folgenden Beispielen identifizieren.

Beispiele aus meiner Praxis

Frau U. hat einen Reisetraum

Frau U. schwelgt mit ihrem Partner in Erinnerungen an Paris, Namibia und Hawaii. Sie sind so gern zusammen verreist und haben die Welt erkundet. Am Telefon mit ihrer Tochter kommentiert sie lachend: »Jetzt ist der Kaffee und Kuchen im Garten die größte Reise. Die ganzen Extrakosten für deinen Vater geben uns keinen Spielraum für teure Reisen.« Zu Weihnachten organisiert ihre Tochter ein großes Sammelgeschenk. Familie und Freunde beteiligen sich an einer Busreise nach Griechenland für Menschen im Rollstuhl.

Ein guter Freund hilft, die Finanzen zu ordnen

Herr T. hat das Gefühl, dass das Geld hinten und vorne nicht reicht, seit seine Frau wegen der Zunahme der Parkinson-Symptome in Frührente gegangen ist. Er hat seine Finanzen nicht mehr gut im Blick, weil er keine Zeit hat, sich damit auseinanderzusetzen. Schließlich ist er nun zusätzlich zur Vollzeittätigkeit auch fast allein für den Haushalt zuständig. Es ist sehr frustrierend.

Sein guter Freund bietet ihm an, zusammen die Finanzen zu ordnen. Er hilft ihm, wieder einen Überblick über die Einnahmen und Ausgaben zu bekommen, und sie entdecken zusammen ein paar Einsparmöglichkeiten. Zusätzlich bittet Herr T. um eine Beratung beim Pflegestützpunkt. Hier erfährt er, dass ihm weitere finanzielle Unterstützung zusteht, die er bisher noch nicht in Anspruch genommen hat.

Frau N. schlägt einen Umzug aus dem großen Haus in eine kleinere Wohnung vor

» *Frau N. ärgert sich. Sie bräuchte dringend einen Trockner, um die Wäscheberge besser zu bewältigen, und eine Putzhilfe, die wenigstens einmal die Woche für eine Grundsauberkeit sorgt. Leider ist das nicht im Budget drin.*

Sie setzt sich mit ihrem Mann hin. »So kann es nicht weitergehen! Wir sitzen in diesem riesengroßen Haus mit tollem Garten und können uns gleichzeitig keine Hilfe für den Alltag leisten. Uns würde es viel besser gehen, wenn wir in einer kleinen Wohnung mit Balkon wohnten und uns dafür einen Trockner und eine Putzhilfe leisten könnten. Was hältst du von einem Umzug?« «

Aus obigen Beispielen können folgende Punkte abgeleitet werden:

- Betrachten Sie Ihre Lebensweise kritisch. Welche Veränderungen können Geld sparen, ohne Lebensqualität zu senken?
- Bitten Sie zu Festtagen um Geschenke von Angehörigen, die praktisch sind oder Ihre Lebensqualität erhöhen.
- Ordnen Sie Ihre Finanzen neu, holen Sie sich eventuell professionelle Unterstützung.
- Nehmen Sie die Beratung beim Pflegestützpunkt der Krankenkassen in Anspruch.
- Zum Thema »Arbeitsleben« lesen Sie gern noch einmal dort (Seite 36) nach.

Wie schätzen Sie Ihr soziales Wohlbefinden ein?

Die soziale Situation ist sehr wichtig für die Lebensqualität. Wenn man sozial gut eingebunden ist, kann dies Mängel in anderen Bereichen der Lebensqualität ausgleichen.

Ich lade Sie zur Selbstreflexion zu folgenden Fragen ein:

- Wie ist Ihre soziale Situation?
- Sind Sie in eine liebevolle Familienstruktur eingebunden?
- Haben Sie gute Freunde und Freundinnen, auf die Sie sich verlassen können?
- Fühlen Sie sich durch Ihre Umgebung gestützt und gestärkt?

Wenn die soziale Unterstützung bei Ihnen stabil ist, ist das optimal. Wenn Sie sich eher allein fühlen und wenige soziale Bindungen haben, ist dieser Abschnitt für Sie wichtig.

Beispiele aus meiner Praxis

Herr F. kann das Vereinsleben wieder aufnehmen

» *Herr F. bemerkt, dass er in letzter Zeit recht einsam ist. Seit er in Rente gegangen ist und seine Arbeitskolleg*innen nicht mehr täglich sieht, fehlt ihm der kollegiale Austausch. Dann musste er wegen einer Knie-OP den Kegelverein verlassen, wodurch er seine besten Freunde kaum noch sieht.*

Als er dies bei seinem Physiotherapeuten erwähnt, runzelt der die Stirn: »Aber Herr F., die Ärztin hat doch gesagt, dass Sie nach dem Muskelaufbau wieder alles machen können.« Sie beschließen, die Bewegungsabfolge beim Kegeln zu üben, damit er bald wieder an den wöchentlichen Kegelabenden teilnehmen kann.

Frau L. findet online Gleichgesinnte

» *Frau L. kann nicht mehr. Sie ist am Ende ihrer Kräfte. Sie ist allein für ihre Mutter zuständig, die durch die Parkinson-Erkrankung seit einem Jahr im Rollstuhl sitzt. Ihr ganzes Leben dreht sich nur noch um die Pflege ihrer Mutter. Zeit und Energie für soziale Kontakt hat sie nicht mehr. Außerdem verstehen ihre Freundinnen sie nicht. Sie ist die Einzige, die einen Elternteil pflegt.*

Sie beschließt, eine Onlinegruppe für Angehörige zu besuchen. Dort gibt es Vorträge und Austausch mit anderen Angehörigen. Zufällig lebt eine der An-

gehörigen im Nachbarort. Sie verabreden sich zum Kaffee und sind sofort auf einer Wellenlänge. Endlich weiß jemand genau, wie es ihr geht.

Frau A. lädt ihre erwachsenen Kinder zu sich ein

» *Frau A. muss in letzter Sekunde das Abendessen beim Sohn absagen. Ihr Mann hat einen besonders schlechten Tag. Er kann sich kaum bewegen und hat Schmerzen im rechten Fuß und ist auf ihre Hilfe angewiesen. Enttäuscht tauscht sie ihre schöne Bluse gegen ein bequemes Oberteil aus und hilft ihrem Mann ins Bett.*

Noch am selben Abend beschließt sie, ihren Sohn und ihre Tochter mit ihren Familien für kommende Woche einfach zu sich einzuladen. Wenn jeder etwas zum Menü beiträgt, hat sie nicht zu viel Aufwand und ihr Mann muss die belastende Autofahrt nicht auf sich nehmen. Sie geht mit einem Lächeln ins Bett. «

Aus obigen Beispielen können folgende Punkte abgeleitet werden:

- Frischen Sie alte Freundschaften und Verbindungen wieder auf. Ergreifen Sie die Initiative und machen Sie ein Treffen aus.
- Machen Sie neue Bekanntschaften, zum Beispiel in einem Sprachkurs, einem Chor oder einer Sportgruppe.
- Verknüpfen Sie sich mit anderen Menschen in einer ähnlichen Situation in einer Selbsthilfegruppe oder online.
- Überlegen Sie, wie Sie Familie und Freundschaften in Ihr Leben integrieren können, obwohl Sie jetzt weniger Zeit und Möglichkeiten haben.

Emotionales Wohlbefinden: Wie zufrieden sind Sie?

Wenn man es genau bedenkt, geht es in diesem ganzen Buch um Ihr emotionales Wohlbefinden. Denn schließlich finden Sie hier emotionale und praktische Unterstützung im Umgang mit der Parkinson-Erkrankung Ihres Angehörigen, um mehr Lebensqualität zu erfahren.

Reflektieren Sie gern für sich:

- Wie zufrieden fühlen Sie sich mit Ihrem Leben auf einer Skala von 1 bis 10?
- Wie gut schaffen Sie es, trotz der Diagnose Ihres*r Angehörigen ausgeglichen und glücklich zu sein?
- Haben Sie genug Freude in Ihrem Leben?

- Können Sie mit Zuversicht in die Zukunft blicken?
- Welche Bedürfnisse haben Sie? Und werden diese erfüllt?

Wenn Sie bei der Beantwortung dieser Fragen eher eine höhere Zahl und eher ein Ja haben, sind Sie auf einem guten Weg. Wenn Sie eher sorgenvoll und bedrückt sind, sind Sie auch auf einem guten Weg, denn Sie tun aktiv etwas dagegen, indem Sie dieses Buch lesen. Versuchen Sie, die Punkte am Ende dieses Abschnitts sofort in Ihrem Alltag umzusetzen, um bald eine Veränderung zu spüren.

Beispiele aus meiner Praxis

Frau S. nimmt psychologische Unterstützung an und findet wieder mehr Lebensmut

» *Frau S. fühlt sich immer häufiger niedergeschlagen. Ihre Stimmung ist ständig gedrückt und sie hat kaum Hoffnung, dass sich ihre Situation bessert. Sie fühlt sich gefangen im Kreislauf der Betreuung Ihres Mannes, der Aufgaben im Haushalt und der Regelung der Finanzen. Außerdem belastet es sie sehr, dass die Erkrankung ihres Mannes fortschreitend ist. Wie soll sie da positiv in die Zukunft blicken können?*

Sie vertraut sich ihrem Hausarzt an. Dieser leitet sie an eine Psychologin weiter, damit sie eine emotionale Stütze bekommt. Sie bemerkt, dass das Reden ihr hilft, ihre Gedanken und Gefühle zu ordnen, und sie findet die Kraft, selbstbestimmt einige kleine Dinge in ihrem Alltag zu verändern, was ihr wieder mehr Lebensmut gibt.

Frau P. entschließt sich, eine Pflegekraft für ihren Bruder zu organisieren

» *Frau P. hat sich zunächst gesträubt, eine professionelle Pflegekraft ins Haus zu holen. »Irgendwie geht das schon«, dachte sie immer. Schließlich kennt sie ihren Bruder am besten. Doch langsam merkt sie, dass es sie doch ganz schön belastet, ganz allein für ihn verantwortlich zu sein. Er hat sonst keine Familie oder Freunde, die sich um ihn kümmern.*

Frau P. arbeitet noch als Programmiererin. Sie kann sich ihre Zeit frei einteilen, was sehr vorteilhaft ist. Doch ihr Bruder hat sich seit der Parkinson-Di-

agnose stark verändert. Er sitzt viel in seinem Sessel. Seine Stimmung ist oft schlecht und manchmal behandelt er sie sehr unfreundlich. Sie hat das Gefühl, dass er sie Dinge machen lässt, die er auch selbst tun könnte. Vielleicht liegt es auch an der wechselnden Wirksamkeit der Medikamente, dass er mal mehr, mal weniger macht. Auf jeden Fall gibt es oft Streit. Sie entschließt sich, eine Pflegekraft zu organisieren. Diese kommt nun täglich für die Morgenroutine. Frau P. übernimmt die Abende. Zuerst hat sie ein schlechtes Gewissen; sie ist ja noch recht fit. Doch nach ein paar Wochen bemerkt sie, wie sich die Beziehung zu ihrem Bruder entspannt. Sie können wieder miteinander lachen, das gab's schon lange nicht mehr.

Herrn W. wird klar, dass ihm der Rückzug nicht guttut

» *Herr W. war früher sehr aktiv. Er war im Vorstand des Wandervereins, ging zweimal die Woche schwimmen und machte regelmäßig Wochenendausflüge. Seit seine Freundin jung an Parkinson erkrankt ist, fühlt er sich wie erstarrt und meidet alle unnötigen Aktivitäten. Wie ein bleierner Umhang hat sich die Diagnose seiner Freundin über ihn und sein Leben gelegt.*

Sein bester Freund animiert ihn, die nächste Wandertour mitzumachen. Nach der Rückkehr spürt Herr W. wieder mehr Leichtigkeit. Ihm wird klar, dass der Rückzug ihm nicht guttut. Er webt wieder mehr Bewegung und Sozialkontakte in seinen Alltag ein, auch wenn es ihn Überwindung kostet. Ganz langsam hebt sich der schwere Umhang, er spürt wieder mehr Lebensfreude. Er beschließt, im Moment zu leben, denn niemand weiß, wie die Zukunft aussieht, und es hilft nicht, sich jetzt schon Sorgen darüber zu machen. «

Aus obigen Beispielen können folgende Punkte abgeleitet werden:

- Holen Sie sich Hilfe von Freunden, Familie und/oder professionellen Personen in dem Bereich, der Sie belastet (Haushalt, Pflege, Finanzen, Betreuung, Organisation, Gartenarbeit, Reparaturen …)
- Sorgen Sie dafür, dass Sie sich ausreichend um sich selbst kümmern.
- Suchen Sie sich ärztliche und/oder psychologische Hilfe, wenn Sie über mehrere Wochen nicht aus den negativen Gedanken herauskommen, Schlaflosigkeit, Antriebslosigkeit oder Konzentrationsprobleme haben.

- Bauen Sie bewusst Dinge in Ihr Leben ein, die Ihnen Freude bereiten.
- Versuchen Sie, im »Jetzt« zu leben. Genießen Sie die kleinen, schönen Momente des Lebens.

Weiterentwicklung und bedeutungsvolle Aktivität

Ein wesentlicher Faktor für die Zufriedenheit und das Wohlbefinden eines Menschen ist die Möglichkeit, einer bedeutungsvollen Tätigkeit nachzugehen und sich persönlich weiterzuentwickeln. Als betreuende*r oder pflegende*r Angehörige*r gehen Sie schon einer bedeutungsvollen Aktivität nach. Und obwohl es oftmals eine anstrengende und mitunter schwierige Aufgabe ist, ist sie dennoch wertvoll und es ist befriedigend, jemanden aktiv unterstützen zu können.

Es gibt eine Vielzahl möglicher Betätigungen, die für einen Menschen bedeutungsvoll sein können und ihn anregen. Ein paar Beispiele sind Beruf, Kinderbetreuung, Modelleisenbahn bauen, Gartenarbeit, Studieren, Stricken, Ehrenamt, Vereinstätigkeit, Sport.

Bitte nehmen Sie sich einen Augenblick Zeit, um in sich zu gehen und folgende Fragen für sich zu beantworten:

- Sind Sie erfüllt oder haben Sie das Gefühl, dass etwas in Ihrem Leben fehlt?
- Verbringen Sie genug Zeit damit, Dingen nachzugehen, die Ihnen wichtig sind?
- Haben Sie die Möglichkeit, sich weiterzuentwickeln? (Das kann auf körperlicher, seelischer oder intellektueller Ebene sein.)
- Haben Sie ein oder mehrere Ziele, die Sie verfolgen?

Beispiele aus meiner Praxis

Frau T. findet eine anregende ehrenamtliche Tätigkeit

» *Frau T. fühlt sich seit ihrer Berentung leer. Ihre Tage sind zwar gefüllt mit der Betreuung ihres Mannes, Hausarbeit und sozialen Aktivitäten, aber die Erfüllung, die sie als Grundschullehrerin hatte, findet sie in keiner dieser Tätigkeiten. Zufällig erzählt ihre Freundin ihr von einem Projekt im benachbarten Kindergarten. Dort werden Freiwillige gesucht, die vier Stunden die Woche ausländische Mütter in Deutsch unterrichten, während ihre Kinder betreut sind. »Das ist es!«, denkt Frau T. »Endlich etwas Anregendes, wo ich Menschen unterstützen kann, und die Stundenzahl ist perfekt.« Sie schreibt sofort eine E-Mail an den Kindergarten und keinen Monat später beginnt die erste Deutschgruppe.*

Herr B. nimmt online an einer Schreibwerkstatt teil

» *Herr B. verbringt viel Zeit zu Hause. Er mag seinen Partner nicht allein lassen, da er an Parkinson erkrankt ist und im letzten Jahr mehrfach gestürzt ist. Beide sind nicht mehr so mobil wie früher. Herr B. hat das akzeptiert, schließlich ist er nicht mehr der Jüngste und er ist gern zu Hause. Was ihn viel mehr beschäftigt ist, dass er nichts mehr für den Kopf tut. Als Programmierer war sein Gehirn früher stets gefordert. Außerdem war er früher Mitglied einer Laien-Theatergruppe. Das sind jedoch beides Aktivitäten, denen er nicht mehr nachgehen kann, und sie würden ihm auch keine Freude mehr bereiten.*

Doch immer nur über die nächste Mahlzeit und das Wetter nachzudenken, reicht ihm einfach nicht. Der Betroffene kennt seinen Partner sehr gut: »Probiere doch mal was ganz neues aus!«, schlägt er ihm vor. Herr B. macht sich auf die Suche nach Onlineangeboten und findet eine offene Schreibwerkstatt, die ihn sofort anspricht. Erlebt hat er in seinem Leben schon viel, er hat Lust, in einer Gruppe das Schreiben auszuprobieren. So wird es ein neues Ritual, sich jeden Mittwochabend von 19 bis 21 Uhr mit einem frischen Minztee und seinem schönen Notizbuch online zur Schreibwerkstatt mit einer bunt gemischten Gruppe zu treffen.

Frau J. besucht nun regelmäßig eine Meditationsgruppe

» *Frau J. fällt die Decke auf den Kopf. Sie hat das Gefühl, momentan nur zur funktionieren: Kinder versorgen, arbeiten und jeden zweiten Tag ihren Vater betreuen, der an Parkinson erkrankt ist. Sie hat sich irgendwann selbst verloren. In einem Ratgeber liest sie, dass Meditation Stress reduziert. Meditation wollte sie schon immer mal ausprobieren. Sie findet eine Meditationsgruppe, die sich samstags trifft, und bespricht mit ihrem Partner, dass sie Samstagvormittags nun fest verplant ist. Diese Gruppe hilft ihr, sich zu zentrieren und aus dem Hamsterrad auszusteigen. Das Faszinierende ist, dass es ihr zunehmend gelingt, auch im stressigen Alltag in Ruhe und Achtsamkeit zu bleiben.* «

Aus vorherigen Beispielen können folgende Punkte abgeleitet werden:

- Besinnen Sie sich auf Tätigkeiten, die Ihnen früher wichtig waren und Ihnen Sinnhaftigkeit geschenkt haben; versuchen Sie dort anzuknüpfen.
- Suchen Sie aktiv nach neuen Aktivitäten, die Ihr Interesse wecken. Es gibt viele Online-und Offline-Angebote (Volkshochschule, Vereine, Facebook-Gruppen, kulturelle Institutionen ...).
- Fangen Sie klein an! Sie können die neuen Aktivitäten zeitlich oder vom Anspruch her auch später erweitern.
- Sprechen Sie mit Familie und Freund*innen! Oft kommen inspirierende Ideen von Menschen, die einen gut kennen.

Durchatmen

Irgendwo auf der Strecke haben Sie kurz das Gefühl, alles wird Ihnen zu viel. Der Weg scheint plötzlich ungemein steil, die Mitreisenden wollen alle gleichzeitig etwas von Ihnen und die Sonne brennt auf Ihren Kopf. Sie haben das Gefühl, dass die Energiereserven allmählich aufgebraucht sind. Sie verlangsamen Ihren Schritt und nehmen ganz bewusst wahr, wie sich Ihr Körper anfühlt. Sie spüren, dass die Waden angespannt sind. Der Köper ist müde, aber Sie fühlen auch wie kraftvoll er sich trägt und mit wie viel Vitalität Ihre Füße nach vorn laufen. Sie spüren Ihr Herz in der Brust und nehmen wahr, wie die Lungen sich mit Luft füllen und Sie mit Sauerstoff versorgen. Sie bleiben bei Ihrem Atem. Ein und aus fließt die Luft, ohne dass Sie etwas tun müssen. Das »Außen« – den Weg, die Menschen, das Wetter – nehmen Sie nur noch nebenbei wahr. Ihr Fokus liegt bei Ihnen und auf dem nächsten kleinen Schritt. Sie sind ganz bei sich. Und es kehrt Ruhe ein.

Im Laufe der Jahre bei der Begleitung eines Menschen mit Parkinson wird es immer wieder Abschnitte geben, in denen Ihnen als Angehörige*r alles über den Kopf wächst. Das kann gleich nach der Diagnosestellung sein, wo man mit dem Schicksal hadert. Es können äußerliche Faktoren sein, wie finanzielle Belastung, Umbau des Bades oder gutgemeinte Ratschläge von anderen. Vielleicht hängt das Gefühl der Überforderung direkt mit der Entwicklung der Krankheit zusammen, z. B. zunehmende Demenz, Persönlichkeitsveränderung oder ein Sturz. Oder Sie bemerken, wie Sie allmählich an Ihre persönliche Belastungsgrenze kommen (psychisch, körperlich oder kombiniert).

Achtsamkeit hilft

In einer Studie fanden Klietz und Kolleg*innen 2020 heraus, dass Achtsamkeit die Belastung der Personen, die Menschen mit Parkinson pflegen oder betreuen, reduziert.[6]

Achtsamkeit ist die bewusste Wahrnehmung des jetzigen Moments. Anstatt sich in Gedanken zu verlieren oder über die

Zukunft nachzudenken, bringt man sich mit der Achtsamkeitspraxis ins Jetzt zurück. Man nimmt den Körper wahr, die Umgebung, die Gedanken und Gefühle, ohne sie zu bewerten. Um dies zu erreichen, kann eine einfache Atemübung oder Meditation genutzt werden.

Ich möchte Ihnen zwei Übungen zeigen. Am besten funktioniert es, wenn Sie sich die Übung vorlesen lassen, damit Sie die Augen schließen können. Oder Sie lesen den Übungstext selbst vor, nehmen dies z.B. mit der Diktierfunktion Ihres Smartphones auf und spielen sich die Anleitung bei Bedarf ab. Oder Sie verwenden meine eingesprochene Übungsanleitung, die Sie über einen QR-Code (siehe unten) mit Ihrem Smartphone einfach abrufen können.

Diese beiden Übungen sind auch für die*den Parkinson-Erkrankte*n eine gute Möglichkeit, um die innere Anspannung loszulassen und mit dem Körper auf eine freundliche Art und Weise in Kontakt zu kommen. Machen Sie sie also gern gemeinsam. Die Übungen sind in der Du-Form angeleitet.

Die Atem- und Achtsamkeitsübung finden Sie als Audiodatei auf folgender Webseite: extras.thieme.de/trias.htm

Atemübung

Setze dich aufrecht hin, mit beiden Füßen auf dem Boden. Lege die Hände locker in den Schoß. Die Augen kannst du schließen, wenn du magst.
Nimm nun wahr, wie dein Atem ein- und ausfließt. Du musst nichts tun. Sei einfach da, in diesem Moment, und spüre deinen Atem. Nimm wahr, wie die Luft deine Nasenflügel streift, wie sie am Rachen nach unten strömt und wie die Lungen sich füllen. Spüre, wie die Luft wieder hinausgleitet, ohne, dass du etwas tust – ganz von allein. Wenn Gedanken kommen, ist das o.k. Nimm den Gedanken wahr, ohne zu werten. Und komme dann wieder mit deiner Aufmerksamkeit zum Atem zurück.
Ein und wieder aus. Die Brust hebt und senkt sich, auch der Bauch bewegt sich mit.
Nimm noch ein paar genüssliche Atemzüge ...
Komm dann wieder mit deiner Aufmerksamkeit in diesen Raum zurück.
Öffne langsam die Augen.
Wenn du magst, kannst du dich strecken.

Achtsamkeitsübung

Finde eine bequeme Körperhaltung. Du kannst dich hinlegen oder aufrecht auf einem Stuhl sitzen mit beiden Füßen auf dem Boden. Die Arme liegen locker neben dir oder im Schoß.
Schließe nun die Augen oder lass den Blick weich werden. Und komme erst mal an. Spüre deinen Atem. Wie er ein- und ausfließt. Du musst nichts tun, einfach nur spüren. Nimm wahr, wie die Luft ganz von allein in deine Lungen strömt. Und bemerke, wie die Luft deine Nasenflügel streift. Beim Einatmen ist sie etwas kühler als beim Ausatmen …
Nimm nun deinen Körper wahr. Wie geht es ihm gerade?
Nimm die Auflageflächen wahr. Spüre die Füße und Beine auf der Unterlage. Wandere mit deinem Bewusstsein langsam nach oben. Nimm das Gesäß und den Rücken wahr. Dann auch die Schultern und den Kopf. Spüre deine Arme. Und deine Hände. Fühle in jeden einzelnen Finger hinein. Und in die Handflächen. Deine Hände leisten jeden Tag so viel. Sie sind immer in Bewegung. Sieh deine Hände mit deinem inneren Auge liebevoll und wertschätzend an. Gehe mit diesem wertschätzenden Blick weiter in deinem Körper. Spüre nach, welche Stelle im Körper gerade Achtung und Freundlichkeit braucht. Stell dir vor, wie du deine warmen Hände liebevoll auf diese Stelle legst… und einen Moment dort verweilst …
Spüre weiter in deinem Körper, nimm dir die Zeit, die du brauchst …
Komme dann wieder mit der Aufmerksamkeit zu deinem Atem zurück. Nimm wahr, wie er ein- und ausfließt. Spüre, wie sich mit jeder Einatmung Ruhe und Frieden in dir ausbreitet …
Dein Atem ist dein Anker. Du kannst im Alltag immer zu deinem Atem zurückkommen, um dieses Gefühl wieder zu fühlen. Wenn um dich herum viel los ist, achte auf deinen Atem und lass die Ruhe in dir einkehren.
Komm jetzt wieder langsam mit deiner Aufmerksamkeit in diesen Raum zurück. Öffne langsam die Augen.
Wenn du magst, kannst du dich strecken.

Achtsamkeit im Alltag

Im Stress des Alltags verlieren wir uns oft selbst aus den Augen. Als pflegende oder begleitende Person steht konstant der erkrankte Mensch im Vordergrund. Doch wir können nur für jemand anderen sorgen, wenn es uns selbst gut geht. Und damit es uns gut geht, müssen wir wahrnehmen, was wir gerade brauchen. Auch und gerade in stressigen Zeiten.

Woran bemerken Sie, dass Sie gestresst sind? Verkrampft sich Ihr Kiefer? Sind die Schultern hochgezogen? Werden Sie hektisch und fahrig? Fahren Sie Ihre Mitmenschen unfreundlich an? Ziehen sich Ihre Augenbrauen zusammen?

Wenn Sie wahrnehmen, dass Sie angespannt und gestresst sind, nehmen Sie sich einen Moment Zeit. Auch wenn Sie gerade unter Zeitdruck stehen. Und machen Sie drei langsame Atemzüge lang nichts, außer zu atmen. Sie können dabei die Augen schließen, wenn Sie möchten.

Sie werden bemerken, wie sich Ruhe in Ihrem Körper ausbreitet. Der Stress nimmt ab und Sie können wieder klarer denken. Manchmal entspannt sich die ganze Situation, weil Sie entspannter sind. Manchmal bleibt die Situation zwar angespannt, der Stress geht Ihnen jedoch nicht so nahe und Sie können gelassener damit umgehen.

Eine andere schöne Achtsamkeitsübung ist es, sich voll und ganz auf den Moment zu konzentrieren, z. B. beim Zähneputzen zu spüren, wie die Borsten sich an Gaumen und Zunge anfühlen, das Geräusch, dass die Bürste an den Zähnen macht, das Gefühl des kalten Wassers im Mund.

Durch das Einbauen solcher Miniübungen im Alltag trainiert man es, im Moment präsent zu sein. Wenn Sie tiefer in das Thema einsteigen und verschiedene Möglichkeiten kennenlernen möchten, Achtsamkeit auch in Ihren Alltag zu übertragen, empfehle ich Ihnen, einen 8-wöchigen Kurs in der sogenannten Mindfulness-Based-Stress-Reduction (kurz: MBSR) zu machen. MBSR wurde in den 1970er Jahren von Dr. Jon Kabat-Zinn entwickelt. Es wurde in zahlreichen Studien nachgewiesen, dass diese Methode Stress und Ängste signifikant reduziert und zu mehr gesundheitsbezogener Lebensqualität führt. Außerdem hat MBSR eine positive Wirkung auf Schmerzen und Depression.[7]

Es gibt auch ein paar gute Apps, mit denen Sie Meditationen über Ihr Smartphone anhören können. Lassen Sie sich auf Meditation und Achtsamkeit ein. Sie werden merken, welch angenehme Wirkung dies auf Sie hat und wie es auch im Alltag für mehr Präsenz und Ausgeglichenheit sorgt.

Veränderung der Beziehung

Im Verlauf der Erkrankung verändern sich auch unweigerlich die Rollen, die der Betroffene noch ausfüllen kann und die die nahen Angehörigen übernehmen.

*Als Sie auf halbem Weg sind, nehmen Sie wahr, wie sich die Dynamik in der Wandergruppe erheblich verändert hat. Einige Begleiter sind auf dem Weg abgebogen, andere dazugekommen. Wo der*die Betroffene anfangs noch mit festem Schritt neben Ihnen lief, nehmen Sie jetzt wahr, dass er*sie nicht mehr so trittfest ist. Ganz automatisch tragen Sie seinen*ihren Rucksack und übernehmen auch die Führung. Sie haben neue Fertigkeiten erlangt, wie mit der Wander-App den Weg zu finden, und Sie wissen, welche Waldkräuter essbar sind. Die erkrankte Person dagegen wird zunehmend passiver und ist auf Sie angewiesen.*

Mit dem Fortschreiten der Erkrankung verändern sich immer mehr Lebensumstände. Zum Beispiel reduziert der*die Betroffene vielleicht seine Arbeitszeit oder hört ganz auf zu arbeiten. Auch anderen Verpflichtungen geht er oder sie wahrscheinlich weniger nach. Dazu können die Hausarbeit, Care-Arbeit (z.B. für Kinder) oder ehrenamtliche Tätigkeiten zählen. Meist nehmen auch Hobbys und andere Interessen ab, und es kann dazu kommen, dass Freundschaften nicht halten.

So wird der engere Zirkel der Angehörigen zunehmend wichtiger. Diese übernehmen vermehrt Tätigkeiten, die früher die betroffene Person durchgeführt hat, und sind häufig die einzigen Sozialkontakte, des*der Parkinson-Erkrankten. Diese veränderte Dynamik führt zu einer Neuzuordnung der Rolle jeder einzelnen Person.

Veränderte Rollen

Auf Ihrer Wanderung tragen Sie nicht nur mehr in Ihrem Rucksack mit, weil Sie mehr Kraft haben, Sie tragen auch mehr Verantwortung als sonst. Sie haben immer die Karte im Blick, wenn eine Weggabelung kommt, Sie denken daran, die Wasserflaschen aufzufüllen, wenn Sie an einer Quelle vorbeikommen, und Sie halten die Stimmung hoch, indem Sie auf einer langweiligen Strecke ein Wanderlied anstimmen.

Ihnen fällt eine Wanderung ein, die Sie noch letztes Jahr zusammen gemacht haben. Die betroffene Person hat Sie überredet mitzugehen. Alles war gut durchdacht und geplant, Sie mussten sich um nichts kümmern, nur mitlaufen. »Wie sehr sich unsere Rollen verändert haben«, bemerken Sie mit Wehmut. Doch da kommt schon jemand mit der Frage auf Sie zu, in welche Richtung es weitergeht. Denn jetzt haben Sie die Karte und den Kompass.

Machen Sie sich Notizen zur Veränderung der Rollen

Ich lade Sie ein, zu reflektieren, ob und wie sich Ihre Rolle im Zusammenhang mit der Erkrankung Ihres Angehörigen verändert hat. Meist verändert sich die Rolle im Verlauf der Krankheit mit Zunahme der Aufgaben. Das ist ein natürlicher Prozess.

Nehmen Sie sich einen Moment Zeit, um für sich selbst folgende Fragen zu beantworten:

- Welche Rolle habe ich in der Beziehung mit der betroffenen Person?
- Wenn ich etwas an der Beziehung verändern könnte, was würde ich mir wünschen?
- Gelingt es mir, das Leben zu genießen, oder besteht mein Tag aus Pflege, Betreuung, Arbeit und Pflichten?
- Wie kann ich wieder Energie auftanken?
- Welche Tätigkeiten möchte ich mehr in meinen Alltag integrieren, um wieder Kraft und Freude zu empfinden?
- Wer könnte mich bei der Begleitung der*des Parkinson-Betroffenen unterstützen?

Diese Veränderung kann für Angehörige sehr schmerzhaft sein. Denn es bedeutet einen Abschied von dem Menschen, wie man ihn kannte. Ein Abschied ist meist mit Traurigkeit verbunden und ist auch im Umgang mit einer fortschreitenden Krankheit normal. Lassen Sie diese Trauer zu. Sie ist Teil des Prozesses.

Aktive Gestaltung der Beziehung

Im nächsten Schritt können Sie mit der betroffenen Person aktiv Ihre Beziehung gestalten, damit Sie beide die wertvollen Aspekte wieder erleben. Finden Sie bewusst Aktivitäten, die beiden Freude machen. Das kann sehr individuell sein. Um eine Aktivität zu finden, die weder überfordernd noch langweilig ist, folgen Sie diesen Schritten.

Schritt 1: Sammlung Schreiben Sie und der*die Betroffene jeder eine eigene Liste mit Tätigkeiten, die sie gern machen oder früher gern gemacht haben. Achten Sie im ersten Schritt nicht auf die Umsetzbarkeit. Es soll eine Art Brainstorming sein, um Wünsche und Ideen zu sammeln.

Schritt 2: Gespräch Vergleichen Sie die beiden Listen. Gibt es Überschneidungen? Versuchen Sie den Blick auf Gemeinsamkeiten zu richten, nicht auf Unterschiede. Vielleicht entdecken Sie auf der Liste des*der anderen etwas, was Sie interessiert. Kommen Sie miteinander ins Gespräch. Bleiben Sie neugierig und interessiert. Fragen Sie sich gegenseitig: »Warum möchtest du das machen?«, »Was daran gefällt dir besonders?« Finden Sie heraus, was dem Gegenüber gefällt. Möchte er oder sie z. B. Reisen, um neue Orte kennenzulernen, um einen Tapetenwechsel zu haben oder um gemeinsam etwas zu erleben?

Schritt 3: Lösungen finden Wählen Sie ein oder zwei Aktivitäten aus, die sie beide interessieren. Suchen Sie nach Lösungen, wie diese umsetzbar wären. Seien Sie kreativ. Mit der Einschränkung des*der Betroffenen wird die Aktivität vermutlich nicht mehr genau so möglich sein, wie es früher möglich gewesen wäre. Gehen Sie Kompromisse ein oder finden Sie Unterstützungsmöglichkeiten von außen, z. B.:

- Verkürzung der Aktivität
- Mitnahme eines Hilfsmittels (Rollstuhl, diskreter Trinkbecher, Urinflasche, Griffverdickung …)
- passive Teilnahme (z. B. Enkel zum Schlittenfahren begleiten und heißen Kakao teilen)
- innerhalb der Ergotherapie üben
- besondere Angebote recherchieren (z. B. Busreisen für Rollstuhlfahrer*innen, Seniorengruppen, Ping-Pong-Parkinson)
- Hilfe von Freunden oder Familie anfragen
- Aktivität verändern (z. B. statt schwimmen gehen, Wassergymnastik machen)

Schritt 4: Durchführen Setzen Sie den Plan um. Genießen Sie das gemeinsame Erlebnis. Seien Sie darauf vorbereitet, dass die Aktivität beim ersten Mal nicht gleich so funktioniert, wie Sie es sich erhofft haben. Lernen Sie dazu und verbessern Sie den Plan für das nächste Mal.

Zusammenhalten

Oh je, gerade jetzt, wo sich Regenwolken zusammenbrauen, braucht die erkrankte Person dringend eine Pause. Es wären nur noch 300 Meter bis zur nächsten Hütte, doch Sie sehen, dass es zum Sturz kommen könnte, wenn Sie jetzt weiterliefen. Lachend verkünden Sie: »Ach, ich habe heute Morgen ohnehin vergessen, mich zu waschen. Lasst uns hier eine Duschpause einlegen.« Sie setzen sich in einen kleinen Wald, holen eine Plastiktüte aus dem

Rucksack und spannen sie notdürftig über Ihren Köpfen in die Bäume. Sie besprechen mit den anderen, wie es am besten weitergehen kann. Die betroffene Person versichert, dass sie nur 5 Minuten Pause braucht, um die Kraft für die letzten Meter zur Hütte zu sammeln. Sie laufen voraus, um schon mal die Hütte einzuheizen, so unterkühlen Sie nicht und haben es bald schön gemütlich. Sobald das Feuer gezündet hat, gehen Sie zum Wäldchen zurück, um die letzte Strecke gemeinsam zu laufen.

Im Umgang mit Menschen mit Parkinson sind häufig Geduld und Verständnis gefragt. Zum einen sind die Bewegungen der betroffenen Person verlangsamt, sodass sie für die Durchführung von Aktivitäten des täglichen Lebens mehr Zeit benötigt. Anziehen, Toilettengang und aus dem Auto aussteigen, alles ist verlangsamt. Für Begleiter*innen ist es manchmal schwierig, geduldig zu bleiben. Ich habe die Anspannung von Angehörigen gesehen, wenn sie versuchen, ruhig zu bleiben. Manchmal kommt auch ein genervter Ausruf wie: »Komm, beeil dich jetzt.«

In vielen anderen Situationen entstehen Anspannung oder Konflikte durch die individuellen Symptome der*des Erkrankten. Natürlich macht das die betroffene Person nicht absichtlich, es ist Teil der Erkrankung. Dennoch haben die Symptome auch Auswirkungen auf das Umfeld: Fehlender Antrieb führt zu Frustration, Depression kann sich negativ auf die Stimmung des Gegenübers auswirken, eine demenzielle Entwicklung kann traurig machen, Schlafmangel irritiert alle und eine veränderte Persönlichkeit führt zu Unverständnis bei Angehörigen.

Ein gutes Miteinander finden

Ich habe aber auch schon viele Beispiele von gut gelingenden »Teams« erlebt. Eine wohlwollende Kooperation, die geprägt ist von gesunder Kommunikation, Akzeptanz, Freundlichkeit und gegenseitiger Wertschätzung. Betroffene und Angehörige können ein gutes Miteinander finden. Um das zu erreichen, können folgende Aspekte helfen:

Humor: Gemeinsames Lachen bringt Entspannung in die Beziehung. Probieren Sie, die komische Seite einer verzwickten Situation zu erkennen, und lachen Sie über sich selbst. Das bringt Entspannung und verbindet.

Entspannung: Integrieren Sie gezielt Entspannung in Ihr Leben. Gönnen Sie sich eine professionelle Massage oder massieren Sie sich gegenseitig. Machen Sie Atemübungen (Seite 52). Machen Sie einen Achtsamkeits- oder Meditationskurs. Planen Sie Pausen und Auszeiten in den Tagesablauf ein.

Unperfekt sein: Das Zusammenleben mit einem chronisch kranken Menschen ist unberechenbar. Dinge, die Ihnen früher wichtig waren, wie Pünktlichkeit und Ordnung, können eventuell nicht mehr so gut umgesetzt werden, wie vor der Erkrankung Ihres*r Angehörigen.

Lernen Sie, unperfekt zu sein. Lassen Sie die Unordnung auf dem Sofa liegen. Machen Sie ein Fertiggericht, anstatt frisch zu kochen. Rufen Sie Freunde an und erklären Sie, dass Sie 30 Minuten später kommen, anstatt sich zu stressen. Ein gekaufter Kuchen ist für die Kaffeegäste auch lecker. Eine Geburtstagskarte oder ein Anruf statt eines Briefs ist auch viel wert.

Liebevolle Zuwendung: Sie lesen dieses Buch wahrscheinlich, weil Ihnen die Person mit Parkinson sehr wichtig ist und Sie Unterstützung suchen, um mit Ihrer herausfordernden Situation bestmöglich umzugehen. Um als Team zu harmonieren, hilft es, sich diese beiden Punkte bewusst zu machen.

- Erstens ist der*die Betroffene Ihnen wichtig. Nehmen Sie sich einen Augenblick Zeit, um ihn oder sie anzusehen. Dazu schließen Sie die Augen und stellen sich die Person vor oder sehen sie oder ihn wirklich an. Nehmen Sie sie oder ihn einfach als den Menschen wahr, der er oder sie ist, ohne Erwartungen oder Bewertung. Diesen Blick können Sie zwischendurch immer wieder anwenden, um der*dem Erkrankten wieder näherzukommen.
- Zweitens möchten Sie der*dem Betroffenen wirklich helfen. Erkennen Sie sich das selbst an! Sie begleiten nicht nur die erkrankte Person, Sie wollen es auch möglichst gut machen, denn Sie lesen dieses Buch, um Antworten zu bekommen.

Trennung/Abstand nehmen

So langsam haben sich Zweifel eingeschlichen. War diese Wanderung so eine gute Idee? Gibt es nicht andere Optionen? Wäre es nicht besser, allein zu laufen? Diese Gedanken gehen Ihnen im Kopf herum und lassen Sie nicht los. Eine Weile tragen Sie sie mit. Doch so können Sie nicht weitermachen. Denn die Gedanken machen Sie schwach und ziehen Sie herunter. Sie wollen Klärung und suchen aktiv das Gespräch mit der betroffenen Person.

Dieses Kapitel scheint nicht so recht zu den anderen Kapiteln zu passen, denn dort wird Zuversicht, Positivität und Zusammenhalt vermittelt. Doch diese optimistische Sichtweise passt nicht immer und mir ist es auch wichtig, realistisch zu bleiben. Es gibt zahlreiche belastende Faktoren, die dazu führen können, dass man sich als Partner trennen oder als sonstige*r Angehörige*r auf Abstand gehen möchte.

Persönlichkeitsveränderung: Besonders in einer Partnerschaft wird die Veränderung der Persönlichkeit als sehr belastend empfunden. Eine starke Passivität, Aggressionen, Desinteresse oder verändertes Verhalten des*der Erkrankten wirken oft entfremdend auf Angehörige.

Starke Belastung: Der Stress für Betroffene und Angehörige ist oft unaushaltbar. Finanzielle, emotionale, körperliche und zeitliche Belastungen sind zermürbend und können sich zu einem unlösbaren Problem häufen.

Konflikte: Wie in jeder Beziehung können Konflikte jeder Art auftreten. Durch die höhere allgemeine Belastung kann es manchmal schwer sein, wieder entspannt aufeinander zuzugehen.

Reduzierte Anziehung (in einer Partnerschaft): Durch körperliche Veränderungen, Abnahme der Sexualität und Persönlichkeitsveränderungen kommt es vor, dass der*die Partner*in sich nicht mehr zu der betroffenen Person hingezogen fühlt.

Hilfreiche Fragen, wenn eine Trennung im Raum steht

Trennung oder Abstand nehmen ist immer eine Option. In vielen Fällen ist sie die beste Option und tut allen Beteiligten gut. Die Entscheidung dafür ist sehr persönlich, Sie sollten sich nicht von anderen reinreden lassen, wenn Sie das nicht möchten. Um zu einer Entscheidung zu kommen, die für Sie passt, können folgende Fragen helfen.

Habe ich uns genug Zeit gelassen? Eine so schwerwiegende Entscheidung sollte nicht auf die Schnelle getroffen werden. Manche Probleme werden mit der Zeit von allein kleiner, manche Konflikte weniger scharf und manche Hürden werden leichter zu überwinden.

Welche Bedürfnisse habe ich? Machen Sie sich bewusst, welche Bedürfnisse momentan nicht in der Beziehung erfüllt werden: z. B. das Bedürfnis nach Nähe, Wertschätzung, Liebe, Respekt, Leichtigkeit, Eigenständigkeit, Harmonie, Geborgenheit, Zusammenhalt, Gelassenheit.

Wer kann mir helfen? Im Gespräch mit anderen können Sie Ihre Gedanken und Gefühle sortieren. Vertrauen Sie sich einer nahestehenden Person oder jemandem in einer ähnlichen Situation an. Auch die professionelle Hilfe eines*r Psycholog*in kann hilfreich sein.

Habe ich alle Optionen beleuchtet? Es muss nicht immer eine Trennung oder ein kompletter Rückzug sein. Häufig kann ein guter Kompromiss gefunden werden, um die Situation zu entschärfen: z. B. ein eigenes Zimmer, eine eigene Wohnung, weniger Kontakt, Abnahme der Pflege durch Pflegedienst (um die Rollen zu trennen). Es kann auch eine gute Option sein, sich als Liebespaar zu trennen und den*die Betroffene*n dennoch weiterhin zu unterstützen.

Bin ich in Kommunikation mit der*dem Betroffenen? Egal wie kompliziert die Situation sein mag, versuchen Sie, mit dem*der Parkinson-Erkrankten im Gespräch zu bleiben. Vermitteln Sie, wie es

Ihnen geht, und finden Sie heraus, wie es ihm oder ihr geht. Fragen Sie nach, welche Vorschläge er oder sie hat. Wenn die Kommunikation zu konfliktbeladen ist, holen Sie eine*n Mediator*in oder Paarberater*in dazu. Konkrete Tipps für eine bessere Kommunikation finden Sie im folgenden Kapitel.

Kommunikation

Sie sind fast an der Hütte angekommen. Sie können sie schon gut sehen und laufen mit festem Schritt drauf zu. Die erkrankte Person versucht, Ihnen etwas mitzuteilen, doch Sie hören es nicht gut. »Wie bitte?«, rufen Sie nach hinten, die Hütte fest im Blick, nur noch wenige Meter. Wieder verstehen Sie das Gesagte nicht richtig. Sie erinnern sich an die Aufforderung der Logopädin: »Blickkontakt, Zeit lassen und laut sprechen!«

*Sie verlangsamen Ihr Schritttempo, atmen durch und fragen nochmal bei dem*der Betroffenen nach: »Entschuldigung, kannst du das bitte nochmal laut wiederholen?« »Zusammen haben wir es geschafft,« sagt er*sie.*

In jeder zwischenmenschlichen Beziehung ist eine gute Kommunikation der Schlüssel zum Gelingen. Bei Menschen mit Parkinson gibt es gewisse Dinge zu beachten, wenn man gut kommunizieren möchte, da es einige Symptome gibt, die die Kommunikation erschweren. Die Veränderung der Mimik, der Gestik, der Persönlichkeit und des Antriebs wirkt sich direkt auf die Möglichkeit der Interaktion in Gesprächen aus. Es ist wichtig, dass Ihnen das als Angehörige*r bewusst ist, damit Sie entsprechend damit umgehen können und die Kommunikation weiterhin erfolgreich ist.

Mimik

Durch die Bradykinese werden die Bewegungen kleiner. Das wirkt sich auch auf die Mimik aus. Die feinen Muskelbewegungen im Gesicht sind ein unbewusster, jedoch sehr wichtiger Teil unserer Kommunikation. Wir »lesen« im Gesicht des Gegenübers und können so mehr als nur das Gesagte erfassen. Ironie, Überraschung, Langeweile, Freude, Sorge, Witz, Ekel, Müdigkeit, Hoffnung und viele weitere Nuancen lassen sich durch das Hochziehen von Augenbrauen, das In-Falten-Legen der Stirn, ein schiefes Lächeln, das Zusammenkneifen der Augen, ein Spitzen der Lippen und vielen weiteren Mikrobewegungen vermitteln.

Das Gesicht eines Menschen mit Parkinson wirkt jedoch starr, weshalb es den Begriff »Maskengesicht« gibt. Die feinen mimischen Bewegungen werden nur reduziert gezeigt, was häufig zu Missverständnissen führt. Denn dadurch, dass wir die Mimik meist unbewusst interpretieren, ist es uns nicht bewusst, weshalb wir Menschen mit Parkinson weniger gut verstehen.

Als Angehörige*r können Sie folgende Punkte beachten, damit es nicht zu Missverständnissen kommt und Sie gut kommunizieren können:

- Machen Sie sich bei Gesprächen bewusst, dass die Mimik reduziert ist und dadurch ein wichtiger Aspekt bei der Kommunikation fehlt.
- Interpretieren Sie ein ausdrucksloses Gesicht nicht als Desinteresse oder Missmutigkeit.
- Fragen Sie nach, wie es der betroffenen Person geht, wenn Sie sich nicht sicher sind.
- Manchmal wirkt eine reduzierte Mimik »ansteckend«. Versuchen Sie bewusst, Ihre eigene Mimik lebhaft einzusetzen, denn das macht die gesamte Kommunikation lebhafter.

Gestik

Auch die Handbewegungen beim Sprechen nehmen bei Parkinson-Erkrankten ab. Sie sind weniger häufig zu beobachten und fallen kleiner aus als sonst. Dadurch wirkt die betroffene Person eventuell weniger lebhaft. Es kann passieren, dass es so wirkt, als wäre er oder sie nicht sehr überzeugt, wenig motiviert oder kaum begeistert. Doch das kann täuschen.

Beachten Sie daher folgende Tipps:

- Achten Sie bewusst auf die kleinen Gesten.
- Motivieren Sie die*den Erkrankten, Gesten zu verwenden.
- Übertreiben Sie gemeinsam spielerisch, um die Gestik zu fördern. Der bewusste Einsatz von Gesten ist von Betroffenen gut abrufbar.

Stimme

Durch Veränderungen im Kehlkopf, an den Stimmbändern und der Atmung verändert sich auch die Stimme. Sie ist meist leiser, manchmal klingt sie auch rau. Es kann schwer sein, die betroffene Person zu verstehen. Meist ist diese Veränderung der*dem Erkrankten selbst nicht bewusst.

Hier sind folgende Punkte wichtig:

- Erinnern Sie Ihre*n Angehörige*n, laut zu sprechen.
- Er oder sie soll sich vorstellen, das Gegenüber sitze am anderen Ende des Zimmers, und entsprechend lauter sprechen.
- Haben Sie Geduld! Durch die veränderte Wahrnehmung vergessen Betroffene, laut zu sprechen, obwohl sie es verstanden haben, und müssen regelmäßig daran erinnert werden.
- Achten Sie darauf, dass keine Nebengeräusche zu hören sind.

Schnelligkeit

Meist verlangsamt sich die Sprechgeschwindigkeit. Ebenso wie die restliche Motorik sind auch Bewegungen von Mund, Zunge und Kehlkopf verlangsamt. Die Antwortzeit in einem Gespräch ist auch häufig verzögert. Aus ungeklärten

Ursachen tritt bei manchen Menschen mit Parkinson eine Erhöhung der Sprechgeschwindigkeit auf. Es kann auch zu Stottern oder Stammeln kommen.

Diese Tipps können Sie als Angehörige*r beachten:

- Atmen Sie in Gesprächen mit der erkrankten Person durch. Lassen Sie sich bewusst auf die reduzierte Sprechgeschwindigkeit ein.
- Hetzen Sie Ihre*n Angehörige*n nicht. Stress verschlechtert das Sprechen eher.
- Warten Sie etwas länger auf eine Antwort, als Sie es bei Nicht-Betroffenen gewohnt sind. Oft kommt die Reaktion deutlich später als erwartet.
- Sollte die Sprechgeschwindigkeit erhöht und die Verständlichkeit reduziert sein, stoppen Sie die*den Erkrankte*n. Durch einen Neubeginn passt sich die Geschwindigkeit oft an.

Deutlichkeit

Durch den Dopaminmangel im Gehirn sind auch die Bewegungen der Sprechorgane eingeschränkt. Die Sprache wird undeutlich und es kann manchmal schwerfallen, Betroffene zu verstehen.

Folgende Punkte sind wichtig:

- Erinnern Sie die oder den Betroffene*n daran, klar und deutlich zu sprechen.
- Oft reicht auch ein freundliches: »Kannst du das bitte wiederholen, ich habe dich nicht gut verstanden.«

Persönlichkeitsveränderung

Im Zuge der Parkinson-Erkrankung treten bei vielen Betroffenen Veränderungen der Persönlichkeit auf. Diese können verschiedenartig sein, z. B. Niedergeschlagenheit, Ungeduld, Euphorie, Reizbarkeit, Empathielosigkeit. Das hat meist auch eine Veränderung der Kommunikation zur Folge. Kurz angebunden sein, kein Nachfragen nach Ihrem Befinden, schroffe Wortwahl usw. Das ist für nahe Angehörige sehr belastend und der Umgang damit eine Herausforderung.

Wenn Sie solche Situationen kennen, können diese Tipps hilfreich sein:

- Manchmal hilft es, sich selbst zu sagen: Da spricht, nicht mein*e Vater/Frau/Bruder… sondern »der Parkinson«.
- Meist verändert sich die Stimmung von Betroffenen im Laufe eines Tages oder mit unterschiedlicher Medikamentenwirkung. Verlegen Sie das Gespräch auf einen anderen Zeitpunkt, wenn Sie das Gefühl haben, es könnte damit zusammenhängen.
- Legen Sie sich einen Schutzanzug an. Sie können sich bildlich vorstellen, Sie hätten eine Schutzblase um sich herum. An der prallt alles ab, was Sie verletzen könnte.
- Auch wenn die Krankheit für die Veränderung der Persönlichkeit verantwortlich ist, lassen Sie sich nicht alles gefallen! Setzen Sie klare Grenzen und ziehen Sie sich aus der Situation zurück, wenn diese Ihnen nicht guttut. Dabei können Sie folgende Sätze ver-

wenden: »Ich möchte nicht, dass du so mit mir sprichst.« »Ich fühle mich gerade nicht wohl in unserem Gespräch.« »Ich brauche eine Pause, lass uns später weitersprechen.«

- Suchen Sie eine*n gute*n Freund*in oder therapeutische Begleitung, um Ihre Sorgen zu besprechen.

Demenz

Eine demenzielle Veränderung wirkt sich auch auf die Kommunikationsfähigkeit aus. Erzählungen sind kürzer und weniger detailliert. Plötzliche Themenwechsel können für Betroffene schwer nachzuvollziehen sein. Planung, vorausschauendes Denken und Problemlösung fallen ihm oder ihr eventuell schwer. Sie oder er kann komplexe Zusammenhänge nicht mehr so gut erkennen. Das bedeutet für Angehörige eine große Umstellung, wenn die betroffene Person früher sehr wach und aufmerksam war, Probleme und Entscheidungen zusammen durchgesprochen wurden und Sie sich Erlebnisse gegenseitig erzählt haben.

Umgang mit demenzbedingten Veränderungen:

- Es kann hilfreich sein, eine demenzielle Entwicklung bei der oder dem Ärzt*in abklären zu lassen, um die veränderte Kommunikation einordnen zu können.
- Vereinfachen Sie die Kommunikation, z. B. indem Sie kurze Sätze verwenden und Dinge immer konkret zeigen, anstatt abstrakt zu erklären.
- Stellen Sie konkrete Fragen, statt offenen Fragen z. B. statt: »Was möchtest du heute machen?« besser: »Möchtest du heute lieber spazieren gehen oder Kaffeetrinken gehen?«
- Lassen Sie der erkrankten Person Zeit, sich zu beteiligen, fragen Sie nach, was er oder sie denkt, involvieren Sie ihn oder sie in Entscheidungsprozesse.
- Übernehmen Sie mehr Verantwortung und treffen Sie wichtige Entscheidungen für ihn oder sie, auch wenn es früher anders war. Dies fällt besonders Töchtern oder Söhnen von Betroffenen häufig schwer, da es eine Rollenveränderung bedeutet.

Andere nicht-motorische Symptome

Unter den vielfältigen Parkinson-Symptomen gibt es einige, die sich direkt oder indirekt auf die Kommunikation des*der Betroffenen auswirken können. Dazu gehören: Verstopfung, Inkontinenz, Fatigue (Erschöpfung), Tagesschläfrigkeit durch Schlafstörungen, Ängste, Antriebslosigkeit, Halluzinationen, Atembeschwerden, Schweißausbrüche, Kreislaufprobleme, Schluckstörung, sexuelle Probleme, Schmerzen.

Sie können sich vorstellen, wie schwierig es ist, sich auf ein Gespräch zu konzentrieren, wenn Schmerzen auftreten oder Schläfrigkeit durch eine schlechte Nacht überhandnimmt. Auch bei anderen Symptomen wie Ängsten oder sexuellen Problemen ist es nachvollziehbar, dass die Kommunikation manchmal nicht wie erwartet läuft. Scham und Unsicherheit spielen hier eine große Rolle. Bei Schluckstörungen oder Atembeschwerden kann Betroffenen schlicht die Luft wegbleiben oder sie verschlucken sich mitten im Satz.

Für Gesprächspartner ist es häufig nicht nachzuvollziehen, weshalb die Kommunikation zusammenbricht, oder man hat das Gefühl, der*die Erkrankte sei nicht ganz bei der Sache. Das kann zu Missverständnissen und Konflikten führen.

- Wenn Sie bemerken, dass das Gespräch nicht gut funktioniert, sprechen Sie es direkt an.
- Fragen Sie nach, was los ist.
- Verschieben Sie das Gespräch auf später.
- Haben Sie Verständnis, auch wenn die genaue Ursache nicht klar ist. Viele Betroffene wissen es selbst nicht genau.

Am Ende des Tages sitzen Sie zusammen vor der Hütte. Sie blicken gemeinsam in die Ferne. Sie können den Weg erkennen, den Sie heute gelaufen sind. Er schlängelt sich den Berg hinauf und sieht so malerisch aus.

Leise flüstern Sie sich gegenseitig zu: »Ich bin so dankbar, dass wir das gemeinsam gemeistert haben.« »Mich hat besonders die einmalige Natur hier oben beeindruckt.« »Auf halber Strecke habe ich gedacht, ich schaffe es nicht. Aber ich bin fitter als ich dachte.« »Wie gut, dass das Wetter so gut war. Der kleine Schauer am Ende, war o.k.« »Wie schön, dass du an meiner Seite bist.«

Den Alltag mit Parkinson erleichtern

Im zweiten Teil des Buches finden Sie viele praktische Tipps, wie Sie Ihren Alltag mit einem*r Parkinson-Erkrankten leichter gestalten können.

Sturzprävention

Im ersten Kapitel geht es darum, wie man im Alltag dafür sorgen kann, dass es möglichst nicht zu Stürzen des bzw. der Parkinson-Erkrankten kommt.

Noch eine kurze Vorabbemerkung zu diesem Buchteil: Bei der Gestaltung orientiere ich mich an verschiedenen Alltagssituationen, wie Aufstehen, Essen und Arztbesuchen. Dabei können je nach vorhandenen Symptomen und je nach Stadium der Krankheit unterschiedliche Probleme auftauchen. Wenn Sie nach dem Umgang mit einem Symptom suchen, schauen Sie bitte hinten im Register nach. Dort finden Sie eine Auflistung aller Seiten, auf denen das Symptom angesprochen wird. So können Sie z. B. unter »Tremor« sowohl im Kapitel »Essen und Trinken« als auch im Kapitel »Draußen unterwegs« passende Tipps dazu finden.

Warum das Sturzrisiko zunimmt

Stürze treten im Laufe der Parkinson-Krankheit leider meist zunehmend auf. Sie bringen oftmals Verletzungen wie Oberschenkelhalsbruch, andere Brüche, Prellungen, Kopftrauma und weitere mit sich. Außerdem entwickeln Menschen nach einem Sturz oft eine Unsicherheit und haben Angst vor einem weiteren Sturz. Dies kann wiederum zu Rückzug, reduzierter Bewegung, sozialer Isolation und sogar Depression führen.

Mir ist bewusst, wie düster sich das liest. Mir ist es wichtig aufzuklären. Denn wenn Sie als Angehörige*r informiert sind, können Sie Gefahrensituationen besser einschätzen und effektive vorbeugende Maßnahmen ergreifen – Sturzprävention. Ein Sturz kann aus verschiedenen Gründen erfolgen. Oftmals ist es eine komplexe Verbindung unterschiedlicher Ursachen.

Folgende Faktoren wirken sich auf die Sturzwahrscheinlichkeit aus:

1. das Alter der erkrankten Person
2. die Schwere der Erkrankung
3. die Medikamenteneinnahme
4. Gang und Gleichgewicht
5. Freezing
6. das Aktivitätsniveau
7. die geistige Leistungsfähigkeit
8. die Kraft
9. die Selbstsicherheit
10. die Bewegungsabläufe
11. die Wohnumgebung
12. Hilfsmittel

Lassen Sie uns diese Faktoren Punkt für Punkt durchgehen und Ihre Möglichkeiten als Angehörige aufzeigen.

Punkt 1 und 2: Alter und Erkrankungsschwere

Auf diese beiden Punkte haben Sie keinen Einfluss. Das Wissen, dass die Sturzwahrscheinlichkeit mit dem Alter und der Schwere der Erkrankung zunimmt, kann Ihnen jedoch helfen, weil Sie so einschätzen können, dass es normal ist und leider zum Krankheitsverlauf dazugehört. Auch bei gesunden Menschen geht man bereits ab dem 65. Lebensjahr von einem erhöhten Sturzrisiko aus; und die Sturzfolgen sind häufig schwerer, je älter die Person ist, weil Begleiterkrankungen wie Osteoporose dazukommen.

Punkt 3: Medikamenteneinnahme

Bei der Einnahme der Parkinson-Medikamente ist die regelmäßige und genaue Einnahme nach Zeitplan besonders wichtig.

Zeitpunkt

Warum das so ist, soll hier kurz erläutert werden, auch wenn ich ansonsten eigentlich nicht auf die medikamentöse Behandlung eingehe. Der Wirkstoff Levodopa wirkt ca. 30 Minuten nach der Einnahmezeit positiv auf die Parkinson-Symptome. Die Beweglichkeit, die Stimmung und die geistigen Fähigkeiten sind in dieser Phase verbessert. Nach einer bestimmten Zeit nimmt die Wirkung ab, und es muss eine neue Dosis eingenommen werden. Dieses An- und Absteigen der Medikamentenwirkung nennt man Wirkungsfluktuation.

Im späteren Krankheitsverlauf wird das Wirkungsfenster, in dem die Medikamente gut anschlagen, zunehmend kleiner (Abb. Seite 71). Die Phasen mit guter Wirkung, sogenannte »On-Phasen«, sind verkürzt. Nach einer guten Beweglichkeit tritt oft eine Phase der reduzierten Beweglichkeit auf, auch die nicht motorischen Symptome sind dann stärker zu beobachten. Das nennt man »Off-Phase«. Auch eine Überbeweglichkeit kann nun auftreten, mit überschießenden Bewegungen.

Von außen wirkt es manchmal, als ob die betroffene Person übertreibe oder sich unnötigerweise helfen lasse, weil etwas, was vor ein paar Minuten noch gut möglich war, plötzlich viel schwerer fällt.

Es sollte feste Einnahmezeiten für die Medikamente geben: Wenn der*die verschreibende Ärzt*in Ihnen diese nicht mitgeteilt hat, fragen Sie unbedingt nach und achten Sie darauf, dass sie eingehalten werden. Die Parkinson-Medikamente sollten so abgestimmt sein, dass sie möglichst durchgängig wirken. Das heißt, wenn die Wirkkurve nach ein paar Stunden abfällt, wird die nächste Dosis genommen. Diese Zeit kann bei jedem Menschen anders sein und sich auch mit dem Verlauf verändern. In den Off-Phasen können starke Bewegungsarmut, Freezing (»Festgefroren-Sein« der Füße am Boden), Schmerzen und geistige Einschränkungen auftreten. Die Sturzgefahr ist erhöht.

Medikamentenanpassung: Die Medikamente sollten regelmäßig von einer*m erfahrenen Neurolog*in überprüft und gegebenenfalls angepasst werden. Wenn Sie als Angehörige den Eindruck haben, dass die Medikamenteneinnahmezeiten nicht optimal sind, sprechen Sie dies offen an. Ihre Rückmeldung hilft den Medizinern, sich ein umfassendes Bild zu machen. Denn er oder sie bekommt während des Arzttermins nur einen kurzen Eindruck.

Zusätzliche Einnahme zur Nacht: Wenn Stürze vor allem nachts auftreten, kann eine zusätzliche nächtliche Dosis an Medikamenten helfen, um die Beweglichkeit auch während der meist häufigen Toilettengänge zu verbessern und Stürze zu vermeiden.

Hilfen zur pünktlichen Einnahme:

- eine Medikamentenbox, in der die Tabletten am Anfang der Woche in Kästchen einsortiert werden
- Erinnerung auf dem Smartphone
- elektrische Medikamentenbox, die zur eingestellten Zeit ertönt und nur das richtige Medikamentenfach freigibt
- Absprache mit Pflegekräften, um die Wichtigkeit der pünktlichen Einnahme bei Parkinson hervorzuheben

Eiweiß

Außerdem sollten Levodopa-Präparate nicht mit eiweißhaltigen Lebensmitteln (z. B. Fleisch, Fisch, Milchprodukte, Eier, Bohnen) eingenommen werden, da Levodopa sonst vom Körper schlechter aufgenommen wird. So sollte die Medizin mindestens eine halbe Stunde vor dem Verzehr von eiweißhaltigen Lebensmitteln eingenommen werden. Fleisch sollte am besten abends gegessen werden.

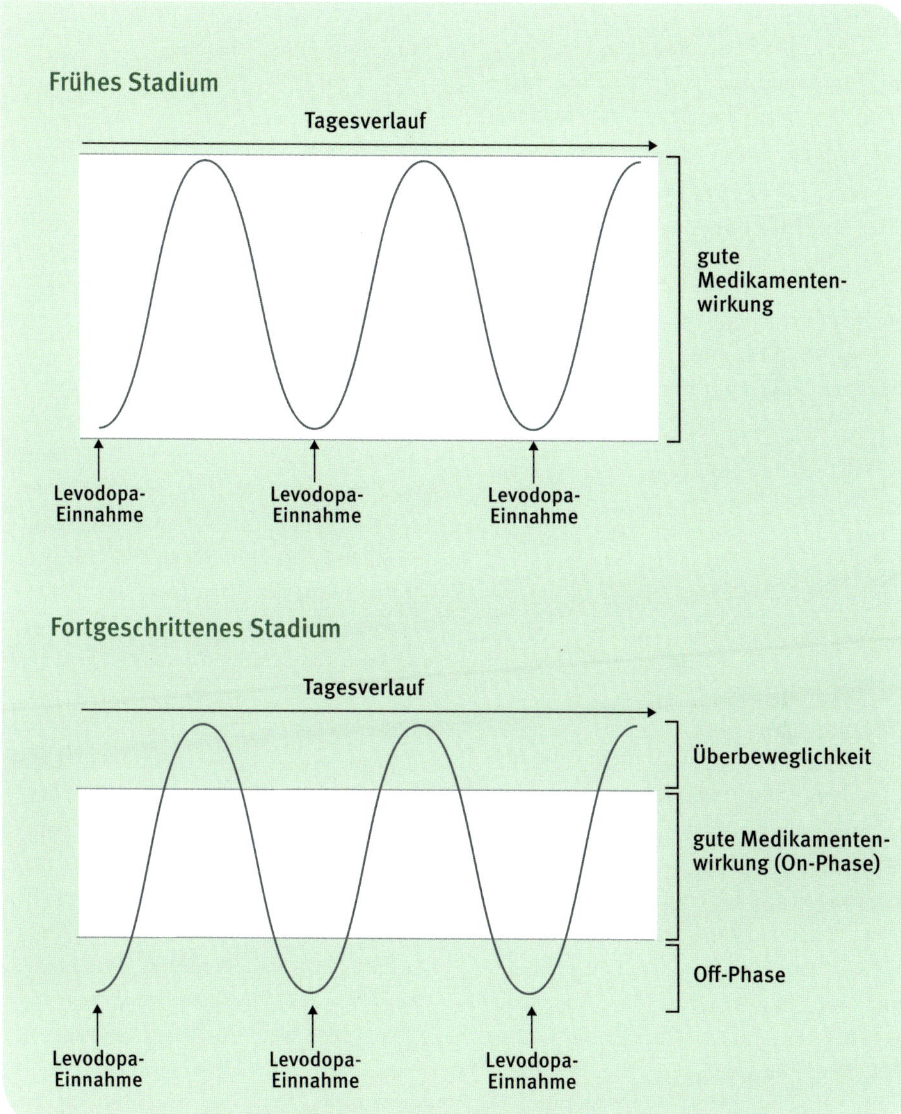

Da Levodopa im Körper sehr schnell abgebaut wird, hat es nur eine kurze Wirkdauer. Lässt die Wirkung nach, muss eine erneute Einnahme erfolgen. Im frühen Erkrankungsstadium ist das Gehirn noch in der Lage, die Schwankungen des Levodopa-Wirkspiegels zu kompensieren. Im späteren Stadium schwankt die Symptomatik mit dem Wirkspiegel.

Verdauung

Letztlich spielt die Verdauung bei der Medikamentenaufnahme eine wichtige Rolle. Bei vielen Menschen mit Parkinson liegt eine Verdauungsstörung vor. Der Speisebrei wird nicht oder nur langsam weitertransportiert.

Um die Verdauung zu fördern, sollten folgende Punkte beachtet werden:

- ausreichend (mind. 2 Liter) trinken
- täglich ballaststoffreiche Lebensmittel (z. B. Vollkornprodukte, Gemüse, Obst) verzehren
- tägliche Bewegung

Punkt 4: Gangstabilität und Gleichgewicht

Posturale Instabilität

Ein häufiges Symptom bei Parkinson ist die posturale Instabilität. In den ersten Jahren nach der Diagnose treten meist noch keine Gleichgewichtsstörungen auf, der Gang ist sicher und auf eine Destabilisierung von außen erfolgt eine adäquate Ausgleichsreaktion. Dies ist die Reaktion des Körpers, um einen Sturz zu vermeiden. Dazu gehören muskuläre Anpassung in Füßen, Beinen und Oberkörper, ausgleichende Bewegungen der Arme und ein Ausgleichsschritt bei einem größeren destabilisierenden Ereignis, wie dem plötzlichen Stoppen der Straßenbahn. Diese Fähigkeit lässt bei Menschen mit Parkinson im Laufe der Zeit nach. Es entwickelt sich eine posturale Instabilität mit erhöhter Sturzgefahr.

Bewegung und Therapie

Die Phase der sicheren Gangstabilität kann durch regelmäßige sportliche Aktivität und eine aktive Physiotherapie verlängert werden.

Wenn Sie im Laufe der Krankheit als außenstehende Person beginnende Unsicherheiten der betroffenen Person beim Laufen feststellen, sollten Sie diese in Absprache mit ihm oder ihr bei Ärzt*innen und Therapeut*innen ansprechen, denn die Eigenwahrnehmung ist bei Parkinson oft nicht korrekt. Es passiert häufig, dass Menschen mit Parkinson ihre Gangsicherheit überschätzen.

Im Rahmen einer Physio- oder Ergotherapie können Gleichgewichtsdefizite durch gezielte Übungen ausgeglichen werden. Außerdem können alternative Möglichkeiten für unsichere Situationen besprochen und Hilfsmittel eingesetzt werden.

Als Familienmitglied oder Freund*in eines Menschen mit Parkinson kann es schwer sein, wenn man eine Veränderung sieht, die die Person selbst nicht wahrnimmt. Denn einerseits möchte man ihm oder ihr natürlich helfen und z. B. vor einem möglichen Sturz bewahren. Andererseits ist es häufig sehr schwer für Erkrankte, Ratschläge von nahestehenden Menschen anzunehmen. Es können Gefühle von Scham, Angst und Unvollkommenheit auftauchen. Dadurch entsteht ein Ungleichgewicht in der Beziehung zwischen Betroffener*m und Angehörigem*r.

Um dies zu vermeiden, ist es ratsam, Dritte miteinzubeziehen, die keine enge Beziehung zur erkrankten Person haben. Das kann ein*e Therapeut*in, Ärzt*in oder Sozialarbeiter*in sein. Durch ihre professionelle Sichtweise können diese eine Situation meist objektiv einschätzen und der Rat kann von der oder dem Betroffenen besser angenommen werden. So bleibt auch Ihre Rolle als Angehörige*r klar und Ihre Beziehung wird nicht noch mehr belastet. Mehr zum Thema »Veränderte Rollen« lesen Sie bitte dort (Seite 56).

Aufmerksamkeit

Ein wichtiger Faktor beim Thema Gleichgewicht ist die Aufmerksamkeit. Menschen mit Parkinson fällt es durch den Dopaminmangel im Gehirn schwer, sich auf zwei oder mehr Dinge zu konzentrieren. Wenn sie laufen und sich dabei auf das Laufen konzentrieren, sind die notwendigen Anpassungen des Körpers für einen sicheren Gang gut umsetzbar. Die Schritte sind groß genug, Unebenheiten im Boden werden gesehen und der Gang dementsprechend angepasst und es erfolgen Ausgleichsreaktionen, wenn eine Unsicherheit auftritt.

Sobald jedoch ein anderer Reiz im Gehirn verarbeitet werden muss, kann es sein, dass weniger Gleichgewichtsreaktionen gezeigt werden und die Gangsicherheit abnimmt. Reize, die im Alltag auftreten können, sind z. B. Autos, beim Überqueren der Straße, entgegenkommende Fußgänger, Gespräch mit Begleitung, die Bordsteinkante, Hund in der Wohnung und vieles mehr.

Dieses Wissen ist für Sie als Angehörige*r wichtig. Denn es ist nicht immer offensichtlich, dass die Gleichgewichtsstörung durch einen Reiz von außen verstärkt wird. Sobald Sie diesen Effekt kennen, können Sie im Alltag darauf achten, dass weniger solcher Störungen auftreten. Es ist z. B. gut möglich, dass ein entspanntes Gespräch während des Spaziergangs für die betroffene Person nicht möglich ist und entweder das Gespräch oder das Gleichgewicht darunter leidet. In diesem Fall ist es sinnvoll, die Unterhaltung zu unterbrechen und in der Pause auf der Parkbank fortzuführen.

Punkt 5: Freezing

Das Wort »Freezing« kommt aus dem Englischen und bedeutet »Einfrieren«. Im Laufe der Parkinson-Erkrankung kann es zunehmend dazu kommen, dass die Bewegungen plötzlich »festgefroren« sind. Die Schritte stocken und ein Weitergehen ist nicht möglich. Dieses Phänomen tritt vor allem in den Off-Phasen auf, wenn die Medikamente nicht so gut wirken, kann aber auch in On-Phasen vorkommen.

Die Sturzgefahr ist beim Freezing deutlich erhöht. Die genaue Ursache des Freezings ist nicht bekannt. Es gibt jedoch eine wirksame Methode, die Bewegungsinitiierung zu fördern: das Cueing.

Cueing

Ein Cue ist ein Hinweisreiz. Dieser Hinweisreiz kann statt vom Gehirn von außen gegeben werden, um eine Bewegung zu starten oder um den Bewegungsfluss aufrechtzuerhalten. Cues können in verschiedenen Situationen äußerst hilfreich sein. Es gibt verschiedene Arten von Cues (siehe Tabelle Seite 75). Diese können entweder von einer begleitenden Person oder dem*der Betroffenen selbst gegeben werden.

Probieren Sie ruhig verschieden Cues aus und werden Sie kreativ. Es wirken nicht alle Cues bei allen Menschen gleich gut. Der Einsatz von Cues kann auch im Rahmen einer Ergotherapie oder Physiotherapie geübt werden.

Punkt 6: Aktivitätsniveau

Es wurde festgestellt, dass Parkinson-Erkrankte, die in ihrem Alltag weniger aktiv sind, eine höhere Wahrscheinlichkeit haben zu stürzen. Auch wenn die betroffene Person noch nicht gestürzt ist, ist es wichtig, sich mit dem Thema auseinanderzusetzen. Denn durch sportliche Aktivität in frühen Jahren können Stürze im weiteren Verlauf vermieden oder reduziert werden. Das Wissen um diese Tatsache kann für Betroffene und Angehörige motivierend sein, aktiver zu werden.

Wenn sie einmal gestürzt sind, tendieren viele Menschen aus (verständlicher) Angst dazu, die Betätigung zu meiden, die zum Sturz geführt hat. Dies verstärkt jedoch die Inaktivität. Statt die Aktivität zu vermeiden, ist es ratsamer, genau zu schauen, was konkret den Sturz ausgelöst hat: War es die Treppenstufe am Lieblingscafé? Oder weil ich an dem Tag so müde war? War es, weil meine Freundin mich abgelenkt hat? Anschließend kann die Betätigung dann abgeändert und so sicher weitergeführt werden. Zum Beispiel: Bevor ich das Café betrete, achte ich darauf, mich gut zu konzentrieren und mich bei meiner Freundin einzuhaken, danach kann ich mich auf einen Kaffee freuen. Tipps, um Sport und Aktivität im Alltag zu etablieren, finden Sie in einem gesonderten Kapitel (Seite 112).

Cues (Hinweisreize), um die Bewegung zu starten oder in Gang zu halten

Art des Cues	Cue	Beispiel
visuelle Cues	Fuß der Begleitung	An der Ampel stellt die Begleitung den Fuß vor die erkrankte Person, damit sie darübersteigt und das Laufen beginnt.
	Schritte beobachten	Die betroffene Person beobachtet die Schritte der Begleitung.
	Laserstrich	Am Gehstock oder Rollator wird ein Lasergerät angebracht, das einen Strich auf den Boden projiziert. Der*die Betroffene steigt über den Strich.
	Striche am Boden	Mit Tape werden Striche auf den Boden geklebt. So können Engstellen (z. B. Türrahmen) passiert oder eine Drehung (z. B. vor der Toilette) erleichtert werden.
auditive Cues	laut zählen	Schritte werden zu den Zahlen gemacht.
	Metronom-App (Kopfhörer)	Schritte oder Bewegungen werden zum Takt des Metronoms gemacht.
	Musik hören	Schritte oder Bewegungen werden zum Takt der Musik gemacht.
taktile Cues	auf Oberschenkel klatschen	Beim Aufstehen oder Loslaufen zum Start auf die Oberschenkel klatschen.
	auf Schulter tippen	Begleitung tippt auf die Schulter, um die Bewegung zu initiieren.
	Gewicht verlagern	Vor dem Loslaufen verlagert der*die Betroffene das Gewicht mehrmals von rechts nach links.
kognitive Cues	Vorstellung der oben genannten Cues	Die*der Erkrankte stellt sich z. B. einen Stein vor, der im Weg liegt, singt ein Lied im Kopf oder stellt sich das Schultertippen vor.

Punkt 7: geistige Leistungsfähigkeit

Im Laufe der Parkinson-Erkrankung lässt bei fast allen Menschen die geistige Leistungsfähigkeit nach.

Demenz

In welchem Grad diese abnimmt und ob eine Demenz diagnostiziert wird, ist sehr unterschiedlich. Das ist für Sie als Angehörige*r wichtig zu wissen, um bestimmte Situationen besser einschätzen zu können.

Die Hauptproblemfelder bei einer eingeschränkten geistigen Leistungsfähigkeit bzw. einer Demenz sind:

- Aufmerksamkeit
- Problemlösung
- Umstellung auf neue Situationen
- spontane aufgabenspezifische Planung
- Wortflüssigkeit
- räumliche Wahrnehmung
- Gedächtnis

Die Angst vieler Erkrankter sowie Angehöriger, dass Freunde und Familie nicht mehr erkannt werden, ist unbegründet. Es kann eine verminderte Merkfähigkeit auftreten. Diese führt jedoch nicht zum Vergessen von nahestehenden Personen. In den oben genannten Bereichen können in den Off-Phasen, wenn die Medikamentenwirkung nachlässt, verstärkt Schwierigkeiten auftreten, und diese werden manchmal von Angst und Unsicherheit begleitet.

Stürze treten häufiger bei Menschen mit einer reduzierten geistigen Leistungsfähigkeit auf. Dafür gibt es verschiedene Erklärungen:

- Reduzierte Aufmerksamkeit, wodurch z. B. übersehen werden kann, dass etwas auf dem Boden liegt.
- Herabgesetzte Fähigkeit zur Problemlösung: In einer unübersichtlichen Situation, wie dem Laufen in einer Menschenmenge, denkt die erkrankte Person vielleicht nicht daran, dass er*-sie sich bei der Begleitung einhaken könnte.
- Umstellung auf neue Situation: Wenn eine plötzliche Änderung auftritt und z. B. beim Tischdecken die Haustür klingelt, kann die Person mit Parkinson in Stress geraten und hastige Schritte Richtung Tür machen, obwohl sie*er noch ein Tablet in der Hand hält.
- Räumliche Wahrnehmung: Wenn zum Beispiel die Distanz zum Tisch falsch eingeschätzt wird, kann der*die Betroffene*r entweder dagegenstoßen oder bei dem Versuch, sich abzustützen, danebengreifen.

Wie Sie das Sturzrisiko senken können:

- Bieten Sie Hilfe an, wenn Sie das Gefühl haben, der*die Betroffene sei kurzzeitig überfordert oder durcheinander.
- Lassen Sie Ihre*n Angehörige*n sich bei Ihnen einhaken, wenn in der Öffentlichkeit, z. B. im Straßenverkehr oder

im Supermarkt, eine unübersichtliche Situation auftritt.

- Räumen Sie Flure und Durchgänge auf, damit nichts umgangen werden muss.
- Schlagen Sie Pausen vor, wenn der*-die Erkrankte hektisch oder unüberlegt handelt.
- Versuchen Sie, Entspannung und Entschleunigung in unübersichtliche Situationen zu bringen.

Punkt 8: Kraft

Es kann ein Zusammenhang von Stürzen und mangelnder Kraft festgestellt werden. Deshalb ist eine allgemeine Kräftigung eine gute Sturzprävention. Die Kraft lässt sich durch vermehrte Aktivität und sportliche Bewegung verbessern, z. B. mit dem Rad fahren, Treppen steigen, statt Aufzug zu fahren, Walking durchführen, Pilates trainieren, ins Fitnessstudio gehen. Außerdem können allgemeine Kräftigungsübungen für Beine und Oberkörper gemacht werden. Dazu können Videos aus dem Internet genutzt werden, wenn die betroffene Person nicht akut sturzgefährdet ist.

Besteht eine Unsicherheit, ist es sinnvoll, ein physiotherapeutisches Training zu machen, bei dem der*die Therapeut*in gezielte Übungen zusammenstellt. Wichtig dabei ist, das Training auch zu Hause weiterzumachen, um einen positiven Effekt zu erzielen.

Punkt 9: Selbstsicherheit

Nach einem Sturz bleibt häufig eine Sturzangst bestehen. Das ist eine tiefe innere Verunsicherung, die die Betroffenen oft daran hindert, aktiv zu sein. Die Bewegungshäufigkeit und der Bewegungsradius nehmen ab. Dies führt zu einer Kraftreduktion und einer Verschlechterung des Gleichgewichts, was wiederrum die Sturzgefahr erhöht. Menschen mit Fallangst befinden sich also in einem Kreislauf. Meist ist ihnen dieser Kreislauf nicht bewusst und häufig schämen sie sich ein wenig für ihre Unsicherheit.

Fallangst kann sich folgendermaßen äußern:

- Verkrampfung beim Laufen, z. B. Schultern hochziehen, Hände ballen
- Festhalten oder »Entlanghangeln« an Möbeln
- Vermeidung von Laufen
- verbales Ausweichen, z. B. »Es regnet, lass uns lieber morgen gehen.«

Die oben genannten Beispiele können auch andere Ursachen haben.

Wenn Sie das Gefühl haben, dass ihr*e Angehörige*r eine solche Fallangst hat, sprechen Sie sie oder ihn offen darauf an. Vermeiden Sie eine Bewertung der Situation. Eine Angst kann nicht einfach so abgelegt werden. Versuchen Sie vielmehr, empathisch zuzuhören. Ergo- und Physiotherapeut*innen können Erkrankten helfen, die Unsicherheit schrittweise zu überwinden.

Punkt 10: Bewegungsabläufe

Im Laufe des Lebens gewöhnen wir uns bestimmte Bewegungsabläufe an. Diese laufen meist unbewusst ab. Sie haben über lange Zeit gut funktioniert und man hinterfragt sie nicht. Mit dem Fortschreiten der Parkinson-Krankheit können gewohnte Bewegungsabläufe mit einem gewissen Risiko verbunden sein. Dazu können folgende Bewegungsabfolgen gehören:

Hinsetzen

Das Hinsetzen erfolgt oft sehr schnell, mit nur einem flüchtigen Blick in Richtung Stuhl und ohne den Stuhl mit einer Hand anzufassen. Das birgt eine Reihe an Gefahren, z. B. der Stuhl rutscht weg, die Sitzfläche wird verfehlt, die Höhe der Sitzfläche wird falsch eingeschätzt.

Sicheres Hinsetzen:
- Gesamten Prozess langsamer angehen.
- Das Hinsetzen erst beginnen, wenn beide Kniekehlen die Stuhlfläche berühren.
- Armlehne mit einer Hand festhalten.
- Langsam hinsetzen.

Aufstehen

Das Aufstehen ist ein typischer Lagewechsel, der häufig zu einem Sturz führt. Dabei kann z. B. der Kreislauf plötzlich absacken, die Füße stocken, der Stand unsicher sein, Schwindel auftreten usw.

Sicheres Aufstehen:
- Anwesende Personen um Sicherung bitten.
- Füße etwas unter den Stuhl platzieren.
- Aufstehen mit genügend Oberkörpervorneige.
- Nach dem Aufstehen zunächst kurz pausieren, bevor man losläuft.
- Bei Kreislaufschwierigkeiten vor dem Aufstehen Füße und Arme bewegen, um den Kreislauf anzuregen.
- Bei Freezing (Stocken der Bewegungen) Cueing (Seite 74) anwenden.

Treppen steigen

Eine Treppe war früher vielleicht kein großes Hindernis. Mit Kleinschrittigkeit, Gleichgewichtsstörungen und verminderter Kraft in den Beinen kann sie zu einem Problem werden.

Sicheres Treppensteigen:
- Geländer nutzen!
- An schlechten Tagen besser im Nachstellschritt Treppen steigen, als einen Sturz zu riskieren.
- Nicht nebenher reden.
- Auf Treppenabsätzen Pausen machen, eventuell Stuhl dort stehen haben.

Alle Bewegungsabläufe, bei denen Schwierigkeiten auftreten, sollten unbedingt in der Physio- oder Ergotherapie geübt werden. Sprechen Sie es als Angehörige*r bei den Therapeut*innen an, wenn Sie im Alltag ein erhöhtes Sturzrisiko in bestimmten Situationen beobachten.

Punkt 11: Wohnumgebung

Bei meinen zahlreichen Hausbesuchen als Ergotherapeutin habe ich viele Beispiele für hinderliche Wohneinrichtungen gesehen. Ich habe großes Verständnis dafür, dass Sie sich in Ihrer gewohnten Wohnungseinrichtung wohlfühlen und möglichst wenig daran verändern möchten. So geht es den meisten Menschen. Man mag die Einrichtung und hat bestimmte Gewohnheiten, die sich so eingebürgert haben oder das Leben leichter machen. Gleichzeitig ist es mir sehr wichtig, klar und deutlich aufzuzeigen, welche Gegebenheiten die Sturzgefahr erhöhen. Bitte lesen Sie die Liste selbstkritisch durch.

Läufer

Die beliebten Teppichläufer sind ein klassischer Sturzauslöser. Man bleibt mit dem Fuß am Rand hängen. Selbst wenn sie festgeklebt sind, kommt dies vor. Auch der Wechsel der Beschaffenheit des Fußbodens ist ein Sturzrisiko, da die Schritte entsprechend angepasst werden müssen. Eine Fähigkeit, die vielen Menschen mit Parkinson schwerfällt.

Maßnahmen:

- komplett verlegter Teppichboden
- kein Teppich
- besondere Teppiche können als Wanddekoration genutzt werden

Engstellen

Engstellen lösen bei vielen Parkinson-Erkrankten Freezing oder ein Stocken aus und erhöhen die Sturzgefahr.

Maßnahmen:

- Möbel umstellen, um Engstellen zu vermeiden
- Türrahmen verbreitern
- bei nicht veränderbaren Engstellen Cueing (Seite 74) verwenden

Herumstehende Gegenstände (Unordnung oder Dekoration)

Je mehr die betroffene Person sich beim Laufen auf die Umgebung konzentrieren muss, desto größer die Wahrscheinlichkeit, dass Freezing auftritt. Ein freier Weg ist ein sicherer Weg.

Maßnahmen:

- Entfernung aller unnötigen Gegenstände
- Umstellen von Dekoration an Orte, die keine Wege darstellen (z. B. in Ecken)

Hausschuhe

Neben dem Thema »Läufer« ist das Thema »Hausschuhe« bei Ergotherapeut*innen gut bekannt. Denn so praktisch die Galoschen, Schlappen oder Latschen auch sind, weil man schnell und ohne Bücken hineinschlüpfen kann, so unsicher sitzen sie am Fuß. Bei einem plötzlichen Ausfallschritt können sie leicht halb vom Fuß rutschen und einen Sturz provozieren.

Maßnahmen:

- Alte, unsichere Hausschuhe wegwerfen, damit sie nicht aus Angewohnheit wieder angezogen werden.
- Geschlossene Hausschuhe oder Hausschuhe mit Riemen hinter der Ferse besorgen und einen langen Schuhanzieher benutzen, um sich beim Anziehen nicht bücken zu müssen.
- Bei geschwollenen Füßen hat das Sanitätshaus eine Auswahl an Klett-Hausschuhen oder -Sandalen.
- Auch Sportschuhe mit Klettverschluss bieten guten Halt.
- Barfußschuhe oder Stoppersocken sind auch eine sichere Alternative.

Unterschiedliche Bodenbeläge, Schwellen

Wechselt die Beschaffenheit oder die Farbe des Bodenbelags (z. B. von Laminat zu Fliesen) oder sind (auch flache) Schwellen vorhanden, kann allein durch die visuelle Wahrnehmung der Veränderung ein Freezing ausgelöst werden.

Maßnahmen:

- Der oder die Betroffene soll beim Überschreiten dieser optischen Grenzen durch unterschiedliche Bodenbeläge bewusst nicht nach unten blicken, sondern den Blick auf Augenhöhe halten.
- Auch bei diesen optischen Grenzen kann Cueing (Seite 74) eingesetzt werden.

Beleuchtung

Besonders nachts, z. B. bei Toilettenbesuchen, kommt es häufig zu Stürzen. Neben einer schlechteren Medikamentenwirkung kann auch eine verminderte Beleuchtung des Weges Stürze begünstigen. Auch in Flur, Treppe und Eingangsbereich ist die Ausleuchtung oft nicht optimal.

Maßnahmen:

- Machen Sie bewusst einen Rundgang durch die Wohnung, um dunkle Bereiche herauszufinden.
- Verwenden Sie hellere Glühbirnen mit mehr Watt.
- Bringen Sie bei Bedarf weitere Lampen an.
- LED-Streifen an der Unterkante des Bettes leuchten den Boden nachts gut aus.
- Lampen mit Bewegungsmelder schaffen schnell Licht, ohne vom Laufen abzulenken.

Möbel

Tisch, Sofa und Kommode, die Möbel in der Wohnumgebung können einen großen Einfluss auf die Gang(un)sicherheit haben.

Maßnahmen:

- Möbel sollten stabil sein, um bei Unsicherheiten ein schnelles Abstützen zu ermöglichen.
- Möbel sollten in den Durchgängen weit genug auseinanderstehen, um ein Auslösen von Freezing zu vermeiden.
- Spitze Ecken und Kanten sind eine Verletzungsgefahr. Achten Sie auf abgerundete Ecken, oder besorgen Sie Eckenschutz.

Rutschige Stellen

Es gibt typische Stellen im Haus, die rutschig werden und Stürze auslösen können, z. B. im Eingangsbereich, im Bad, auf der Treppe und allgemein auf Fliesen.

Maßnahmen:

- Sehen Sie mit kritischem Blick alle Wohnbereiche an, um potenziell rutschige Stellen zu entdecken.
- Bringen Sie Antirutschstreifen an Treppenkanten und auf Fliesen an.
- Verwenden Sie eine Antirutsch-Badematte.
- Nässe sollte sofort aufwischt werden.
- Im Bad sollte der*die Betroffene für die Körperhygiene eine Sitzmöglichkeit haben (Badhocker mit rutschfesten Füßen).

Punkt 12: Hilfsmittel

Es gibt ein paar Hilfsmittel, die die Sturzgefahr verringern. Diese sollten sorgsam mit Ergo-, Physiotherapeut*in oder Berater*in eines Sanitätshauses ausgewählt werden. Damit Sie schon einen kleinen Einblick bekommen, finden Sie hier die gängigsten Hilfsmittel.

Gehstock: Bei leichten Einschränkungen des Gleichgewichts kann ein Gehstock helfen, sicher zu laufen.

Zusammenfaltbarer Gehstock: Dieser passt in eine Handtasche oder einen Rucksack und kann bei Bedarf ausgeklappt werden. So hat man ihn dabei, falls eine Off-Phase kommt.

Gehstock mit Laser: Bei Freezing drückt die betroffene Person auf einen Knopf am Gehstock. Ein Laserstrich wird vor den Füßen auf den Boden projiziert, über den er oder sie steigen kann. Der Laserstrich gibt ein visuelles Cueing.

Walking-Stöcke Durch die Länge der Walkingstöcke kommen manche Betroffene besser in eine aufrechte Haltung. Außerdem bieten sie eine leichte Unterstützung bei kleineren Wacklern und der Rhythmus der Bewegung kann den Gangrhythmus positiv beeinflussen.

Rollator: Der Rollator ist der Klassiker bei Problemen mit dem Gleichgewicht. Er bietet gleichzeitig Stabilität und Mobilität. Es gibt verschiedene Ausführungen. Lassen Sie sich vom Sanitätshaus beraten.

Lasergerät: Das Lasergerät, siehe oben, lässt sich auch an einen Rollator montieren.

Rollstuhl: Bei stärkeren Gleichgewichtsstörungen, regelmäßigen Stürzen oder einer größeren Einschränkung der Gehfähigkeit ist ein Rollstuhl die beste Lösung. Auch für längere Ausflüge oder an Tagen, an denen die Allgemeinverfassung der*des Erkrankten nicht so gut ist, kann ein Rollstuhl die Teilhabe ermöglichen.

Aufstehen nach einem Sturz

So sehr man aktive Sturzprävention betreibt, eine sturzsichere Wohnung schafft und vorsichtig ist – Stürze gehören bei vielen Parkinson-Betroffenen zur Krankheit dazu. Es ist also sinnvoll, sich mit dem Gedanken auseinanderzusetzen, was zu tun ist, wenn ein Sturz vorkommt. Denn diese Situationen sind für Begleiter*innen meist mit großem Stress verbunden. Nehmen Sie sich dieses Kapitel am besten in einer ruhigen Minute vor. Lesen Sie es aufmerksam und prägen Sie sich die Schritte ein. Die Abbildungen auf Seite 83 helfen Ihnen dabei. Denn je ruhiger Sie in einer Sturzsituation bleiben, desto hilfreicher sind Sie für die gestürzte Person.

Schritt 1: sich selbst beruhigen

Versuchen Sie, nach dem Schreck des Sturzes ruhig zu bleiben bzw. wieder ruhig zu werden. Nehmen Sie einen tiefen Atemzug. Atmen Sie dabei mehr Luft aus als ein.

Schritt 2: die gestürzte Person beruhigen

Gehen Sie nun zur auf dem Boden liegenden Person und bücken Sie sich oder setzen Sie sich neben sie. Legen Sie eine Hand ruhig auf seine oder ihre Schulter. Vermitteln Sie Ruhe und sagen Sie der Person, dass Sie ihm oder ihr helfen werden. Dann fragen Sie: »Tut dir etwas weh?«

Schritt 3: die Lage einschätzen und bei Bedarf Hilfe holen

Schätzen Sie ein, ob ein Notarzt gerufen werden sollte. Nehmen Sie sich dafür ein paar Minuten Zeit, da es eine Weile dauern kann, bis der Schmerz einsetzt. Wenn einer der folgenden Punkte zutrifft, rufen Sie die 112 oder drücken Sie den Notfallknopf, wenn Sie einen Hausnotruf haben.

- blutende Wunde
- Bewusstlosigkeit
- starke Schmerzen
- Schwierigkeit, eine Gliedmaße zu bewegen

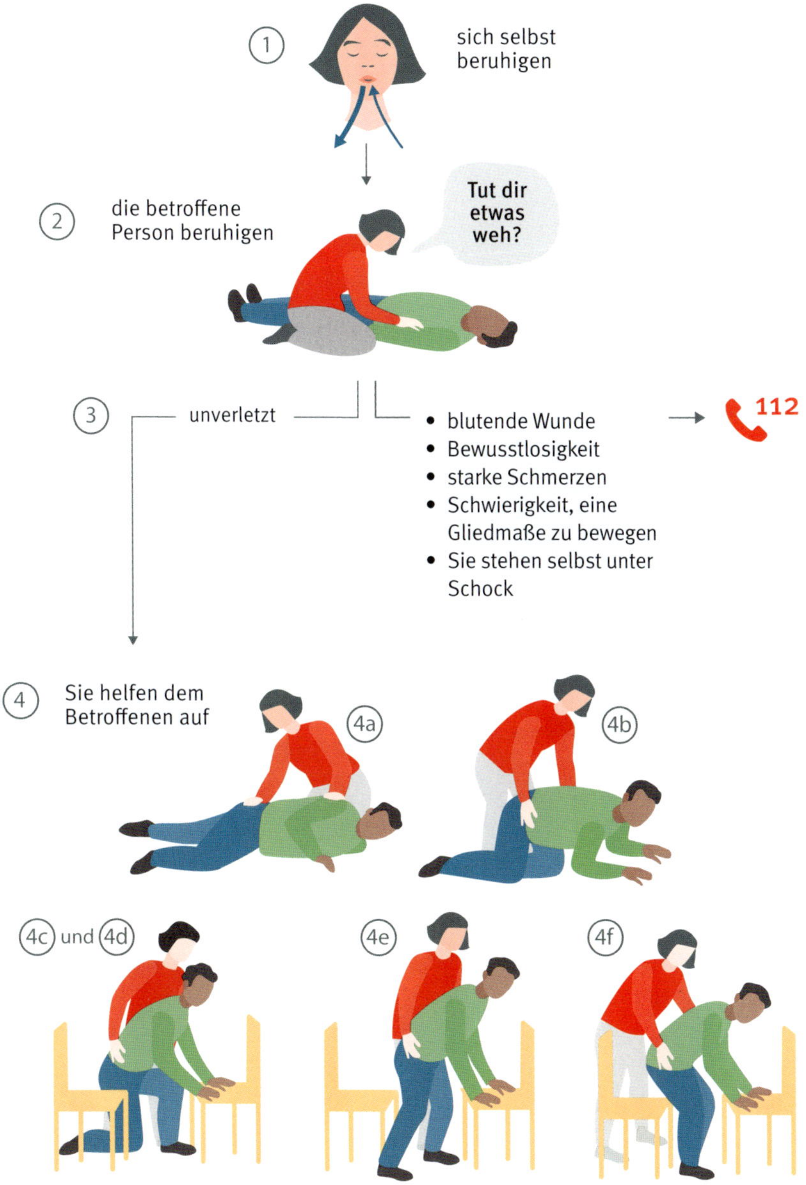

Schrittweises Vorgehen, um dem Betroffenen nach einem Sturz wieder aufzuhelfen. Ist der Betroffene verletzt, rufen Sie den Notarzt und sorgen für eine sichere und stabile Lagerung am Boden.

Wenn Sie selbst unter Schock stehen oder selbst nicht helfen können, können Sie auch Nachbarn holen oder andere Angehörige anrufen, um Unterstützung zu bekommen, oder Sie rufen die 112.

Schritt 4: ist der Betroffene unverletzt, helfen Sie ihm auf

Wenn die gestürzte Person nicht verletzt ist, helfen Sie ihm oder ihr auf. Folgen Sie dabei der folgenden Anweisung Schritt für Schritt und leiten Sie auch den Angehörigen entsprechend an. Jeder Schritt sollte in Ruhe erfolgen.

- 4 a Wenn Ihr Angehöriger bzw. Ihre Angehörige in Seiten- oder Rückenlage liegt, helfen Sie ihm oder ihr zunächst, in die Bauchlage zu kommen.
- 4 b Leiten Sie ihn oder sie dazu an, aus der Bauchlage in den Vierfüßler-Stand zu kommen.
- 4 c Stellen Sie rechts und links von der gestürzten Person zwei stabile Möbelstücke (z. B. Stühle) hin, sodass sie sich in den nächsten Schritten an dem einen Möbelstück zum Hochkommen abstützen kann und sich auf das andere Möbelstück hinsetzen kann, sowie sie hochgekommen ist.
- 4 d Leiten Sie sie dazu an, mit dem stärkeren Bein einen **großen** Schritt nach vorn zu machen.
- 4 e Die Person kann sich auf die Stühle stützen und hochkommen.
- 4 f Sie sollte sich sofort hinsetzen.

Diese Art, Schritt für Schritt vom Boden aufzustehen, hat zwei große Vorteile. Erstens ist jede Position zwischen den Bewegungen sicher und die gestürzte Person kann pausieren und Kraft sammeln. Zweitens wird die helfende Person nicht überlastet, weil statt einer großen »Hau-Ruck-Aktion« mehrere kleine Bewegungen durchgeführt werden und die Hilfen kurz und klar sind.

Am besten ist es, die Bewegungssequenz des Aufstehens »trocken« zu üben, damit sowohl der*die Erkrankte als auch die*der Angehörige die Abfolge gut kennen. Dann ist die Nervosität im Ernstfall geringer und die Schritte sind schnell abrufbar.

Ich empfehle, das Aufstehen vom Boden im Rahmen einer Physio- oder Ergotherapie zu üben. Dann ist es sicherer und die Fachperson kann Ihnen mit spezifischen Tipps weiterhelfen, wenn z. B. der Vierfüßler-Stand aufgrund von Knieschmerzen nicht möglich ist, und wie Sie als Helfende*r am besten unterstützen können.

Lagewechsel

Lagewechsel bedeutet, sich von einer Position in eine andere zu bewegen: z. B. das Drehen im Bett, vom Liegen zum Sitzen, vom Sitzen zum Stehen und vom Stehen zum Sitzen.

Bei der Parkinson-Erkrankung können besonders die Rotationsbewegungen schwierig sein. Wenn dann noch die Wirkung der Medikation nicht optimal ist (z. B. nachts), kann ein Lagewechsel manchmal ohne Hilfe unmöglich sein.

Drehen im Bett

Viele Menschen mit Parkinson haben Schwierigkeiten, sich im Bett zu drehen. Nachts, wenn die Medikamentenwirkung gering ist, ist die Muskelsteifigkeit (Kasten, Seite 86) stärker.

Es gibt Hilfsmittel, um das Drehen im Bett zu erleichtern:

- Bettleiter oder Bettgriff, um sich daran zu ziehen.
- Aufrichthilfe (auch Bettgalgen genannt), um sich daran zum Sitzen hochzuziehen.
- Keilkissen, um die Drehung zu erleichtern.
- Bettwäsche aus Satin, um den Widerstand zu verringern.
- Parkinson-Matratze, um die Drehung zu erleichtern.

Beim Drehen unterstützen

Als Angehörige*r können Sie der betroffenen Person durch Zug oder Druck helfen, sich zu drehen (Abb. Seite 87). Dabei ist es wichtig, dass zunächst die Beine angestellt werden. Durch das Kippen der Beine entsteht ein automatischer Zug zu einer Seite, sodass weniger Kraftaufwand notwendig ist. Sie haben als helfende

Erhöhte Muskelspannung (Rigor)

Die Muskelspannung ist bei Menschen mit Parkinson im gesamten Körper erhöht. Betroffene haben das Gefühl, sich konstant gegen einen Widerstand zu bewegen. Die Motorik wirkt zäh und mühsam. Besonders das Drehen im Rumpf, das z. B. beim Drehen im Bett notwendig ist, ist eingeschränkt.

Person verschieden Möglichkeiten, die Drehung einzuleiten. Probieren Sie verschiedene Handgriffe aus, um herauszufinden wie Sie mit dem geringsten Kraftaufwand helfen können: z. B.

- Zug an Schulter
- Zug an Hüfte
- Kippen der Beine
- Halten der Hand, die oben liegt, und Zug am Arm
- Kombination von zwei Zugpunkten

Leiten Sie die erkrankte Person dabei unbedingt an mitzumachen. Oftmals tendieren Pflegende dazu, zu viel für Betroffene zu übernehmen. Machen Sie sich bewusst, dass es förderlich für Menschen mit Parkinson ist, sich möglichst viel zu bewegen. Indem Sie weniger helfen, fördern Sie die betroffene Person. Außerdem schonen Sie so auch Ihre Kräfte. Ab Seite 33 finden Sie mehr Informationen, wie Sie lernen können, den genau passenden Kraftaufwand einzusetzen. Geben Sie freundliche, aber kurze und klare Anweisungen.

Vom Liegen zum Sitzen kommen

Besonders morgens vor der ersten Medikamenteneinnahme sind Parkinson-Erkrankte häufig noch recht unbeweglich und benötigen eventuell mehr Hilfe von Ihnen. Um Ihrem Angehörigen beim Aufsetzen behilflich zu sein, folgen Sie diesen Schritten. Geben Sie zuerst die Anweisung, damit die betroffene Person die Bewegung entweder selbstständig durchführen oder die Bewegung so gut wie möglich mitmachen kann.

Anleitung zum Aufsetzen:

1. Beine anstellen.
2. Wenn nötig, Becken anheben und näher zur Bettkante rutschen.
3. Zur Seite drehen.
4. Beine aus dem Bett.
5. Über die Seite auf den Ellenbogen und die gegenüberliegende Hand stützen.
6. Zum Sitzen hochdrücken.

Geben Sie freundliche, aber kurze, klare Anweisungen! Probieren Sie aus, ob Cueings (Seite 74) wie z. B. in die Hände klatschen beim Hochdrücken helfen, die Bewegung zu initiieren. Nach dem Aufsetzen kann es vorkommen, dass der Blutdruck abfällt oder Schwindel einsetzt. Bleiben Sie noch einen Moment nah bei der betroffenen Person stehen und fragen,

Unterstützen Sie die gewünschte Drehbewegung durch Anleitung und bei Bedarf durch Druck oder Zug.

ob er oder sie sich gut fühlt. Manchmal ist das Aufsetzen über eine Seite wesentlich einfacher als über die andere. Vielleicht erleichtert es den Alltag, wenn Sie das Bett verschieben und die oder der Betroffene sich über die andere Seite hinsetzt.

Hilfsmittel, die die betroffene Person beim Aufsetzen unterstützen:

- **Haltegriff:** Die*der Betroffene zieht sich an einem Haltegriff, der direkt unter die Matratze geschoben wird, nach oben.
- **Seitenteil:** Das etwas größere Seitenteil schützt zusätzlich vor dem Herausfallen aus dem Bett.

Vom Sitzen zum Stehen kommen

Das Aufstehen, also der Lagewechsel vom Sitzen zum Stehen, geschieht mehrmals täglich von unterschiedlichen Sitzflächen aus und in unterschiedlichen Situationen. Es kann dementsprechend mal mehr, mal weniger Unterstützung notwendig sein, je nachdem wie die äußeren Umstände sind.

Folgende Gegebenheiten können das Aufstehen erleichtern oder behindern:

- Höhe der Sitzfläche
- feste/weiche Sitzfläche

- Armlehnen
- Fußstellung und Körperhaltung
- Medikamentenwirkung
- Schmerzen
- Zeitdruck
- Stress/Entspannung
- Ablenkung
- Hilfsmittel

Es gibt also auch für Sie als helfende Person einiges zu bedenken, denn an jedem der oben genannten Punkte lässt sich etwas verändern, um das Aufstehen zu erleichtern. Das ist wichtig zu beachten. Denn es geht nicht unbedingt darum, dass Sie mehr Kraft aufwenden, sondern oft reicht es, an den äußeren Gegebenheiten etwas zu verändern.

Höhe der Sitzfläche

Je höher die Sitzfläche, desto leichter ist es aufzustehen. So ist das Aufstehen von einem tiefen Sofa viel schwieriger als von einem höheren Sessel.

Maßnahmen:

- Betrachten Sie die gewohnten Sitzmöbel des*der Betroffenen. Schaffen Sie neue, höhere Möbel an oder legen Sie ein Keilkissen drauf.
- Eine Sitzerhöhung (eventuell mit Haltegriffen) für die Toilette wird von der Krankenkasse übernommen.
- Im Autositz kann ein Sitzkissen helfen, leichter aus dem Auto auszusteigen.
- Es gibt auch besondere Sessel mit einer elektrischen Aufstehhilfe.

Feste/weiche Sitzfläche

Es ist wesentlich einfacher, von einer festeren Sitzfläche aufzustehen, die beim Hochdrücken nicht nachgibt.

Maßnahmen:

- festere Matratze fürs Bett besorgen
- Sessel/Sofa mit festem Polster bevorzugen

Armlehnen

Armlehnen ermöglichen es Erkrankten häufig, allein aufzustehen.

Maßnahmen:

- Eventuell neue Sitzmöbel mit Armlehnen anschaffen.
- Im Restaurant um Stuhl mit Armlehnen bitten.

Fußstellung und Körperhaltung

Am leichtesten gelingt das Aufstehen, wenn man zunächst an die Stuhlkante rutscht, dann die Füße in Schrittstellung bringt und den Oberkörper vorbeugt (Abb. Seite 89). Betroffene positionieren beim Aufstehen jedoch ihre Füße häufig etwas zu weit vorn und haben den Oberkörper zu weit hinten. So drücken Sie sich beim Aufstehversuch nach hinten, was dem Aufstehen entgegenwirkt.

Maßnahmen:

- Achten Sie darauf, dass die betroffene Person die Füße etwas hinter die Knie platziert.

▲ Fußstellung und Körperhaltung tragen maßgeblich dazu bei, wie leicht das Aufstehen gelingt.

- Eine Schrittstellung kann beim Aufstehen hilfreich sein.
- Leiten Sie an, den Oberkörper nach vorn zu bringen.
- Wenn die Person mit Parkinson Angst hat, nach vorn zu fallen, können Sie sich davorstellen und ihre Hände halten oder ein Tisch oder Stuhl wird davorgestellt, um Sicherheit zu bieten.

Medikamentenwirkung

Die Wirkung der Medikamente kann stark variieren (Seite 69), was einen großen Einfluss auf die Beweglichkeit und auch die Fähigkeit aufzustehen haben kann.

Maßnahmen:

- Auf regelmäßige Medikamenteneinnahme achten.
- Seien Sie nicht überrascht, wenn trotz gleicher äußerlicher Umstände, das Aufstehen mal ohne Hilfe klappt und mal nur mit Hilfe.

Schmerzen

Schmerzen können unterschiedliche Ursachen haben und sind sehr behindernd.

Maßnahmen:

- Fragen Sie als Helfende*r nach, ob und wo Schmerzen vorhanden sind.
- Vielleicht braucht die*der Betroffene dementsprechend eine andere Art von Hilfe, z. B. am Gesäß statt am Arm.
- Manchmal können durch langsameres und vorsichtigeres Vorgehen Schmerzen vermieden werden.

Zeitdruck

Vor einem Termin oder wenn es schnell zur Toilette gehen soll, kann schnell Zeitdruck entstehen. Dadurch wird manchmal Freezing oder eine verminderte Beweglichkeit ausgelöst und die Bewegung wird noch langsamer.

Maßnahmen:

- Planen Sie, wenn möglich, immer mehr Zeit ein als notwendig.
- Vermeiden Sie Ausdrücke wie »Beeil dich!« oder »Jetzt schnell!«, da sie eher das Gegenteil bewirken.
- Vermitteln Sie Ruhe.

Stress/Entspannung

Ähnlich wie Zeitdruck verstärkt auch Stress die Symptome.

Maßnahmen:

- Bedenken Sie bei der Planung von Tätigkeiten, dass die betroffene Person eventuell durch den erhöhten Stress weniger beweglich sein wird.
- Erklären Sie anderen Angehörigen oder Bekannten, dass man mit Ruhe besser vorankommt als mit Stress. Sätze wie »Wir kommen gleich nach, geht schon mal voraus« können die Situation entspannen.

- Nehmen Sie wahr, wenn Sie selbst angespannt und gestresst sind, denn das überträgt sich automatisch auf andere Personen. Nehmen Sie sich die Zeit, die Sie brauchen, um entspannt in die Situation hineinzugehen (Seite 51).

Ablenkung

Wie schon beschrieben, fällt es Menschen mit Parkinson schwer, ihre Aufmerksamkeit auf zwei Dinge gleichzeitig zu lenken, was zu Stocken und schlechterer Beweglichkeit führen kann.

Maßnahmen:

- Sprechen Sie nicht, während der*die Erkrankte die Bewegung durchführt, außer Sie geben kurze Anweisungen zum Aufstehen.
- Schalten Sie Fernseher, Radio etc. aus.
- Sagen Sie Ihrer*m Angehörigen, dass sie*er sich voll auf das Aufstehen konzentrieren soll.

Hilfsmittel

- **Haltegriffe:** Ein Haltegriff oder eine Decken-Boden-Stange können an manchen Orten das Aufstehen erleichtern. Dazu gehören: Toilette, Bett, Sofa.
- **Toilettensitzerhöhung:** Das Aufstehen von der Toilette wird mit einer Erhöhung erleichtert. Diese gibt es mit oder ohne Armlehnen.
- **Möbelerhöhungen:** Kleine stabile Blöcke aus festem Gummi werden unter die Füße des Sessels gestellt, um die Grundhöhe zu verändern und damit das Aufstehen zu erleichtern.

Vom Stehen zum Sitzen

Beim Hinsetzen gelten auch viele der oben genannten Punkte. Die Sturzgefahr kann bei diesem Lagewechsel jedoch größer sein. Deshalb sollten folgende Punkte beachtet werden:

Betroffene Person:

- Möglichst nah an das Sitzmöbel heranlaufen.
- Darauf achten, dass die Stuhlkante an den Kniekehlen gespürt wird.
- Blick nach hinten, um schiefes Hinsetzen zu vermeiden.
- Griff mit einer Hand nach hinten zur Armlehne.
- Erst dann hinsetzen.

Helfende Person:

- Achten Sie auf die Einhaltung der obigen Punkte.
- Sichern Sie den Stuhl, damit er nicht wegrutscht.
- Achten Sie darauf, dass die Bremsen am Rollstuhl festgestellt sind.
- Helfen Sie der betroffenen Person, indem Sie die Bewegungssequenz verbal strukturieren und klare Anweisungen geben.
- Manchmal ist ein lautes »Stopp!« notwendig, um ein zu frühes Hinsetzen und einen Sturz zu vermeiden.

Bad und Toilette

Bei der täglichen Hygiene, beim Toilettengang und bei der Körperpflege benötigen Parkinson-Betroffene im Erkrankungsverlauf meist zunehmende Unterstützung.

Da jedes Bad und jede Toilette anders sind, kann eine Beratung durch das Sanitätshaus und/oder Ihre Ergotherapeut*in hilfreich sein, um verschiedene Optionen zu besprechen.

Bei allen Tätigkeiten in Bad und Toilette kann Ihre Hilfe notwendig sein. Achten Sie dabei auf folgende Punkte:

- Nehmen Sie Ihre eigene Belastung bei jeder Tätigkeit wahr. Machen Sie Pausen und achten Sie auf eine gesunde Körperhaltung.
- Achten Sie auf die Sicherheit Ihres Angehörigen. Die Kombination aus Wasser, Seife und rutschigem Untergrund kann eine erhöhte Sturzgefahr bedeuten. Eine langsame, bedachte Durchführung der Körperpflege, der konsequente Einsatz von Hilfsmitteln und die Vermeidung von Zeitdruck sind ratsam.
- Ein Pflegedienst für die Dusch- oder Badetage bringt eine große Erleichterung.

Hygiene am Waschbecken

Hocker

Sobald eine leichte Stand- und Gangunsicherheit auftritt, empfehle ich, im Bad einen Hocker zu benutzen, um die meisten Tätigkeiten sicher und entspannt durchzuführen. Dazu eignet sich ein Duschhocker mit Gummifüßen. Es mag erstmal ungewohnt sein, sich im Sitzen zu waschen und andere Tätigkeiten durchzuführen, es spielt jedoch eine große Rolle bei der Sturzvermeidung. Der Hocker muss nicht konstant genutzt werden, sondern kann in Momenten genutzt werden, in denen der*die Betroffene sich unsicher fühlt. Oder er wird nur für bestimmte Tätigkeiten genutzt, z.B. Füße eincremen. So können Sie als pflegende Person auch leichter unterstützen, weil Sie besser an den Kopf (Kämmen, Föhnen) kommen.

Zeitfaktor

Viele meiner Klient*innen erzählen mir, dass sie zwar gut im Bad zurechtkommen, nur eben länger für alles brauchen. Angehörige werden dann auf die Geduldsprobe gestellt. Planen Sie bewusst mehr Zeit für die tägliche Hygiene ein, um Zeitdruck zu vermeiden. Vielen Angehörigen hilft es, das Bad zu verlassen, wenn die*der Erkrankte keine Hilfe benötigt. So kann er oder sie in der eigenen Zeit und ohne Druck die Dinge erledigen.

Zähneputzen

Bei sich widerholenden Tätigkeiten wie Zähneputzen werden die Bewegungen oft kleiner und kleiner und langsamer. Es kann helfen, zum Rhythmus eines Metronoms (Smartphone-App) oder eines Liedes die Zähne zu putzen. Auch Cueing (Seite 74) kann helfen.

Eincremen

Eincremen ist eine Tätigkeit, die sowohl die Haut pflegt als auch die Körperwahrnehmung fördert. Eincremen ist eine Art, seinem Körper Zuwendung zu schenken, und kann, wenn es von einer anderen Person durchgeführt wird, die Bindung stärken. Bieten Sie der betroffenen Person doch mal eine kleine Handmassage an.

Schminken, Rasieren, Haare bürsten und föhnen

Vor allem bei Tremor in den Händen kann es eine Herausforderung sein, sich zu schminken oder zu rasieren. Auch hierbei kann es helfen, die Tätigkeit im Sitzen durchzuführen und die Unterarme auf das Waschbecken zu stützen. Dabei kann ein untergelegtes Handtuch sinnvoll sein. Die aktive Hand kann durch die andere Hand gestützt werden, um etwas mehr Stabilität in die Bewegung zu bekommen.

Duschen

Bei Stand- und Gangunsicherheit sind ein Duschhocker mit Gummifüßen oder ein Klappsitz sowie ein Haltegriff zu empfehlen. Diese Hilfsmittel können Sie mit einem Rezept der*des Ärzt*in beim Sanitätshaus bestellen. Die Krankenkassen sollten die Kosten übernehmen. Das Duschen im Sitzen, vor allem, um die Füße zu waschen, ist wesentlich sicherer als im Stehen. Manchmal fällt es Betroffenen schwer, alte Gewohnheiten abzulegen. Eine liebevolle Erinnerung von Ihnen kann helfen, die Akzeptanz zu erhöhen. Ein Haltegriff bietet zusätzlich Sicherheit und sollte unbedingt zum Festhalten genutzt werden anstatt der Armaturen. Diese gibt es auch mit sehr stabilen Saugnäpfen und können vom Sanitätshaus ausgeliehen werden, um die Position vor dem Bohren auszuprobieren.

Baden

Duschen ist meist leichter als Baden. Wenn jedoch keine Dusche vorhanden ist, kann eine Badewanne mit Hilfsmitteln auch eine gute Option sein. Es gibt z. B. ein Badewannenbrett, welches flach auf der Badewanne befestigt wird, sodass man auf dem Brett über der Badewanne sitzend duscht. Um ein Vollbad zu nehmen, kann man einen Badewannenlifter nutzen – einen Sitz, der durch Knopfdruck in die Wanne abgesenkt wird. Zum Ein- und Ausstieg ist zusätzlich ein Haltegriff nützlich und schafft Sicherheit.

Toilettengang

- Der Toilettengang kann bei Menschen mit Parkinson ein großes Thema sein. Blasenentleerungsstörung, plötzlicher Harndrang, Inkontinenz, Verstopfung und Verlangsamung beim Toilettentransfer sind mögliche Probleme.
- Wenn eine Kombination von plötzlich auftretendem Harndrang und Verlangsamung der Bewegungen auftritt, kann Urin danebengehen. Um dies zu vermeiden, kann ein regelmäßig eingeplanter Toilettengang sinnvoll sein. Eine Einlage verhindert ein Einnässen der Kleidung.
- Eine Verstopfung sollte immer mit der*dem Ärzt*in besprochen werden. Zusätzlich sollte auf eine ausreichende Trinkmenge von ca. 2 Liter pro Tag, ballaststoffreiche Ernährung und viel Bewegung geachtet werden.
- Der Transfer auf die Toilette kann in der Ergotherapie geübt werden, um die individuelle Handhabe zu trainieren und spezifische Tipps zu erhalten.
- Wenn beim Drehen vor der Toilette Freezing auftritt, kann ein aufgeklebtes Kreuz am Boden helfen, um die Drehung mit bewussten Schritten durchzuführen.
- Hosen mit Gummibund oder Magnetknöpfen lassen sich schneller herunter und wieder hochziehen.
- Ein Haltegriff neben der Toilette erhöht die Sicherheit.
- Eine Toilettenerhöhung erleichtert das Aufstehen.
- Einlagen können bei langen Autofahrten oder unterwegs, wenn man nicht weiß, wo die nächste Toilette ist, Entspannung bringen.
- Menschen mit einem Behindertenausweis können einen Schlüssel für Behindertentoiletten in ganz Europa bekommen, die der Öffentlichkeit nicht zugänglich sind. Der Euroschlüssel kann über CBF Darmstadt e. V. erworben werden.

Nächtlicher Toilettengang

Zahlreiche Menschen mit Parkinson müssen nachts häufig urinieren. Dadurch wird der Schlaf, zusätzlich zu den meist ohnehin schon vorhandenen Schlafproblemen, mehrfach unterbrochen. Dies kann zu Tagesmüdigkeit, Konzentrationsproblemen und einer Verstärkung der Parkinson-Symptome führen. Eine leicht erhöhte Lagerung des Oberkörpers vermindert den nächtlichen Harndrang.

Durch ein Hilfsmittel (Toilettenstuhl, Bettflasche) direkt am Bett vermeidet man den nächtlichen Weg zur Toilette. Dies bedeutet eine kürzere Unterbrechung des Schlafs. Außerdem ist die Sturzgefahr auf dem nächtlichen Weg zur Toilette erhöht. Auch Sie als Angehörige*r werden entlastet, da der*die Betroffene Ihre Begleitung wahrscheinlich nicht benötigt.

Essen und Trinken

Essen und Trinken sind sowohl Notwendigkeit als auch Genuss und gehören zum sozialen Miteinander, wobei es bei Parkinson gilt, einige Schwierigkeiten zu umschiffen.

Umgang mit Tremor

Beim Essen und Trinken ist der Tremor besonders lästig, weil dadurch gekleckert wird. Das ist Betroffenen besonders in sozialen Situationen unangenehm. Viele tendieren dazu, das Essen in Gemeinschaft oder in der Öffentlichkeit zu vermeiden.

- Die beste Abhilfe bei Tremor ist für Betroffene und für Angehörige, eine »Egal-Haltung« zu entwickeln. Egal, was andere denken. Egal, wenn etwas danebengeht. Wenn man es schafft, eine solche entspannte Haltung zu entwickeln, können die an sich schönen Ereignisse wieder genossen werden. Außerdem verringert sich der Tremor meist etwas, wenn die allgemeine Stimmung entspannt ist.
- Glas oder Becher sollten nur bis zur Hälfte gefüllt werden, um unbeabsichtigtes Ausgießen zu vermeiden.
- Ein Trinkbecher mit Deckel beugt dem Verschütten des Getränks vor. Es gibt auch formschöne Exemplare, die nicht besonders auffällig sind.
- Ein Strohhalm lässt sich gut transportieren und ist eine elegante Art zu trinken, ohne etwas zu verschütten.
- Verdicktes und/oder schweres Besteck liegt besser in der Hand.
- Es gibt Antitremorlöffel, die die Zitterbewegung mit einem Sensor erfassen und dieser entgegenwirken, sodass Suppe und Müsli gegessen werden können.
- Ein Antitremor-Löffelaufsatz aus Latex verhindert, dass Suppe vom Löffel schwappt.

- Stellt man Teller, Tasse oder Schüssel auf eine Erhöhung, ist der Weg zum Mund nicht so weit.
- Das Aufstützen der Ellenbogen schafft Sicherheit bei der Bewegungsdurchführung.
- Es kann auch helfen, wenn eine Hand die andere führt oder stützt.

Schluckstörungen

Eine Schluckstörung kann zu einer Lungenentzündung führen und sollte deshalb ernst genommen werden.

- Wenn Ihnen auffällt, dass der*die Parkinson-Betroffene während des Essens oder Trinkens Hustenanfälle bekommt, wenn der Kaffee oder Speichel aus dem Mund läuft oder ein Rasseln beim Atmen zu hören ist, könnte eine Schluckstörung vorliegen, bei der Flüssigkeit in die Atemröhre gelangt. Wenn Sie eine Schluckstörung vermuten, bedarf dies unbedingt der medizinischen Abklärung. Ein*e Logopäd*in kann Ihrem Angehörigen Übungen und Tipps bei Schluckstörungen geben.
- Da sich Menschen mit Parkinson auf Bewegungen konzentrieren müssen, um sie gut auszuführen, ist es wichtig, eine ruhige Umgebung beim Essen zu schaffen. Ablenkungen wie Fernseher, Smartphone oder Radio sollten entfernt werden.
- Obwohl gemeinsame Mahlzeiten die Verbindung fördern, sollte bei einer Schluckstörung während des Essens nicht gesprochen werden. Denn die Koordination von Schlucken und Sprechen ist sehr herausfordernd. Einem Verschlucken kann so vorgebeugt werden. Verschieben Sie das Gespräch auf die Zeit vor oder nach dem Essen.

Medikamenteneinnahmen

Wahrscheinlich bekommt Ihr*e Angehörige*r einige Medikamente. Besonders bei der Einnahme von Medikamenten mit dem Wirkstoff »Levodopa« muss auf die Einnahmezeit geachtet werden. Es muss unbedingt vermieden werden, Levodopa mit eiweißhaltigen Lebensmitteln einzunehmen, denn Eiweiß behindert die Aufnahme von Levodopa. Da Fleisch, Fisch, Hülsenfrüchte und Milchprodukte jedoch einen wichtigen Bestandteil der Ernährung darstellen, wird empfohlen, die Me-

Zittern (Tremor)

Bei etwa 70 % der Menschen mit Parkinson tritt ein Tremor auf. Das ist ein Zittern in Händen, Kopf, Körper oder Beinen. Meist ist es ein Ruhetremor, das heißt, bei entspannter Muskulatur ist ein Zittern wahrnehmbar, das bei Aktivität meist aufhört. Bei Stress, Nervosität oder in angespannten Situationen kann sich der Tremor verstärken, bei Entspannung verschwindet er oft vollständig.

dikamente mindestens 30–60 Minuten vor oder nach dem Essen einzunehmen.

Erklären Sie diese Tatsache der betroffenen Person und anderen Pflegepersonen, die die Medikamenteneinnahme unterstützen. Auch bei Krankenhausaufenthalten oder in Pflegeeinrichtungen ist es hilfreich, das Personal daran zu erinnern oder einen Klebezettel an der Medikamentenbox zu befestigen.

Getränke

Es ist wichtig, dass Menschen mit Parkinson ausreichend Flüssigkeit zu sich nehmen. Es werden ca. 1,5–2,5 Liter pro Tag empfohlen. Diese Menge fördert die Verdauung. Besonders Menschen, bei denen Verstopfung auftritt, sollten regelmäßig trinken. Auch Die Gehirngesundheit wird durch eine ausreichende Flüssigkeitszufuhr verbessert. Besonders im Sommer kann eine vorrübergehende Verwirrtheit oft auf einen Flüssigkeitsmangel zurückgeführt werden. Auch für andere Prozesse im Körper ist eine ausreichende Trinkmenge förderlich z. B. Konzentration, Speichelbildung, Blutdruck, Vermeidung von Thrombosebildung.

Um die Trinkmenge im Blick zu halten, hilft es, am Anfang des Tages zwei Wasserflaschen z. B. auf den Küchentisch zu stellen. Eine sollte bis mittags ausgetrunken werden, die zweite bis abends. Doch nicht nur Wasser zählt als Flüssigkeit auch Tee, Säfte und Kaffee (entgegen der verbreiteten Meinung, dass Kaffee dem Körper Wasser entzieht).

Soziale Situationen

Kulturell ist das gemeinsame Essen eine Gelegenheit zusammenzukommen. Familientreffen und Festtage werden meist mit einer Mahlzeit gefeiert, auch Freunde und Bekannte lädt man zum Essen oder zu Kaffee und Kuchen ein. Gemeinsam mit anderen zu essen, kann für Menschen mit Parkinson eine Herausforderung darstellen. Unterschiedliche Symptome machen die Situation schwierig und manchmal auch unangenehm. Meine Klient*innen berichten davon, beim Suppenessen die Tischdecke zu bekleckern, sich am Pudding zu verschlucken und dass der Kaffee seitlich aus dem Mund herausläuft. Schon der Gedanke daran, mit jemandem zusammen essend am Tisch zu sitzen, macht viele Parkinson-Betroffene nervös und auch Angehörigen ist die Situation oft unangenehm.

Es gibt keine Pauschallösung für diese schwierigen Umstände, vielleicht können Sie sich bei diesen Tipps etwas mitnehmen:

- Legen Sie die Uhrzeit der gemeinsamen Mahlzeit so, dass sie in eine Zeit fällt, in der die betroffene Person meist gut beweglich ist.
- Ermutigen Sie die erkrankte Person, offen mit der Krankheit umzugehen und

dem Gegenüber zu sagen, dass er oder sie Parkinson hat. Spricht man es an und erklärt das Zittern oder Kleckern schon vor dem Essen, dann nimmt es den Druck aus der Situation.

- Humor kann ein guter Weg sein, um die Situation zu entschärfen und mit anderen in Kontakt zu bleiben, anstatt sich zu distanzieren.
- Achten Sie bei der Wahl der Mahlzeit darauf, einfach handhabbare Lebensmittel zu bestellen oder zuzubereiten.
- Fangen Sie klein an. Laden Sie zunächst gute Freunde oder die Familie ein, wenn der*die Betroffene sich im Restaurant noch unwohl fühlt.
- Gehen Sie vorbereitet zu einer Essenseinladung. Bringen Sie Serviette, Hilfsmittel (wie Tellerranderhöhung, Becher mit Deckel) und einen frischen Pullover mit.
- Sprechen Sie vor einer Mahlzeit mit anderen mit der betroffenen Person. Fragen Sie sie*ihn, wie Sie am besten unterstützen können, und gehen Sie zusammen die oben genannten Punkte durch, um sicherzustellen, dass Sie die bestmögliche Stütze sind.

Schlafen

Eines der am häufigsten genannten Symptome sind Schlafstörungen. Hier soll es darum gehen, was man tun kann, damit Betroffene und Angehörige möglichst erholsam schlafen.

Die aus Schlafstörungen resultierende Tagesmüdigkeit legt sich wie eine schwere Decke auf alle Tätigkeiten des Tages und erschwert vieles. Zudem ist der Partner mitbetroffen, wenn er oder sie ständig geweckt wird. Das kann zu weniger Geduld und zu Konflikten im Verlauf des Tages führen.

Gemeinsames Bett

Wenn Sie mit der betroffenen Person gemeinsam im Bett schlafen, sollten Sie zunächst reflektieren, ob es die beste Lösung ist, oder ob getrennte Betten oder separate Schlafzimmer eine Entspannung der Situation bringen würden. Wenn Sie gemeinsam im Bett bzw. in einem Raum mit der betroffenen Person schlafen, wird auch Ihre Schlafqualität unweigerlich leiden. Denn die Parkinson-Erkrankung bringt nächtliche Unruhe bis hin zu einem Um-sich-Schlagen mit sich sowie regelmäßige nächtliche Toilettengänge. Häufig berichten mir Angehörige, sie seien dann tagsüber gereizt, unkonzentriert und ungeduldig und hätten mehr Konflikte mit ihrem*r Partner*in.

Schlafrhythmus

Zu den primären Ursachen in der Physiologie des Gehirns kann ein ungünstiger Schlafrhythmus hinzukommen. Auch wenn eine große Müdigkeit besteht, sollte der*die Erkrankte es vermeiden, tagsüber viel Zeit im Bett zu verbringen. Ein oder zwei Vor- oder Nachmittagsschläfchen von bis zu einer Stunde können helfen, das Energielevel wieder zu heben. Am besten wird zu festen Tageszeiten geschlafen, z. B. um 10 Uhr und um 14 Uhr. Auch das Zubettgehen und das Aufstehen sollte zu einer festen Uhrzeit erfolgen.

Drehen im Bett

Das Drehen im Bett fällt vielen Erkrankten schwer. Hier kann eine zusätzliche Medikamentendosis vor dem Zubettgehen bzw. ein Retardpräparat zur Nacht helfen, um die Beweglichkeit auch nachts zu gewährleisten. Dies muss zuvor mit der*dem Ärzt*in besprochen werden. Wie Sie das Drehen im Bett unterstützen können, lesen Sie auf Seite 85.

Toilettengang

Häufiges nächtliches Wasserlassen ist bei Menschen mit Parkinson typisch. Damit Sie als Angehörige*r nicht helfen müssen und die Schlafunterbrechung möglichst kurz ist, kann es sinnvoll sein, nachts statt der Toilette einen Toilettenstuhl oder eine Urinflasche direkt am Bett zu nutzen.

Lagerung

Bei schwerer betroffenen Menschen oder Erkrankten, die nachts Schmerzen bekommen, kann eine spezielle Lagerung sehr hilfreich sein.

Vegetative Symptome

Parkinson hat neben körperlichen und psychischen Symptomen auch eine Reihe von unterschiedlichen vegetativen Symptomen. Dazu gehören Schlafstörungen, Inkontinenz, Schwitzen, Hautveränderungen, sexuelle Probleme und Kreislaufschwierigkeiten. Vegetative Symptome werden oft nicht dem Parkinson zugeordnet, weil nicht darüber aufgeklärt wird. Sollten Sie etwas beobachten, besprechen Sie es mit dem*der Ärzt*in, um einen guten Umgang damit zu finden.

- Durch die starke Muskelspannung kann es Betroffenen schwerfallen, den Kopf nach hinten abzulegen. Deshalb ist es wichtig, den Kopf mit mehreren Kissen zu unterlagern, bis er wirklich abgelegt werden kann.
- Fragen Sie die betroffene Person, wie es für sie am bequemsten ist. Beziehen Sie sie in die Lagerung mit ein, um herauszufinden, was wirklich hilfreich ist.
- Durch eine leichte Hochlagerung des Oberkörpers kann nächtliches Wasserlassen reduziert werden.
- Ein Kissen oder eine längs gerollte Decke kann das Schlafen auf der Seite ermöglichen.
- In Rückenlage unterlagen Sie die Kniekehlen etwas.

Bei der Lagerung auf der Seite kann eine längs gerollte Decke eine bequeme Stütze für den Rücken sein.

- Feste Kissen und zusammengerollte Decken bieten mehr Stabilität als weiche Kissen (Abb. oben).
- Oftmals hilft schon eine Mikrolagerung mit zusammengerollten Handtüchern.

Für weitere Tipps besuchen einen Kurs für pflegende Angehörige.

Restless Legs

Beim Restless-Legs-Syndrom spüren Betroffene ein Kribbeln und eine Unruhe in den Beinen, die nur durch Bewegung der Beine erlischt. So fällt es ihnen schwer, nachts zur Ruhe zu finden. Informieren Sie den Arzt darüber. Es gibt hilfreiche Medikamente dagegen. Festes Abreiben der Beine mit einem nassen Waschlappen und eine Gewichtsdecke können Linderung bringen.

Bewegung am Tag

Aktivität im Laufe des Tages hilft, einen regelmäßigen Tag-Nacht-Rhythmus zu entwickeln. Das können regelmäßiger Sport, mehrere kleine Übungssequenzen, Spaziergänge und Mithilfe im Haushalt sein – am besten eine Kombination aus allem.

An- und Auskleiden

Beim An- und Ausziehen der Kleidung helfen Angehörige häufig mit. Zunächst bei feinmotorischen Aufgaben wie den Knöpfen am Hemd oder wenn Zeitdruck besteht.

Im späteren Erkrankungsverlauf weitet sich die Hilfe aus und auch bei Socken, Hosen und anderen Kleidungsstücken, die schwierig anzuziehen sind, wird Unterstützung benötigt. Je nach Tagesform kann die Notwendigkeit der Unterstützung sehr unterschiedlich sein. Manchmal ist es für Betreuer*innen schwer einzuschätzen, warum der*die Betroffene um Hilfe bittet. Eine Frau berichtete mir, sie wisse nie, wann sie ihren Mann unterstützen solle und wann er allein zurechtkomme. Manchmal fühle sie sich ausgenutzt und frage sich, ob er nicht zum Teil einfach zu bequem sei, es selbst zu tun.

Warum das An- und Auskleiden Schwierigkeiten macht

Es ist in der Tat für die*den Betroffenen selbst häufig schwer zu sagen, ob und warum er oder sie gerade um Hilfe bittet.

Bedenken Sie mögliche Einflussfaktoren:

- Körperliche Symptome wie Bradykinese erschweren flüssige Bewegungen.
- Psychische Symptome wie Depression oder Fatigue (starke Erschöpfung) wirken sich auf die Motivation und Eigeninitiative aus.
- Vegetative Symptome wie vermehrtes Schwitzen oder Kreislaufschwierigkeiten bringen auch einiges durcheinander.
- Medikamentennebenwirkungen wie Halluzinationen oder Überbeweglichkeit sind häufig unberechenbar.

- Externe Faktoren wie Zeitdruck oder Blicke von anderen Menschen können Stress und Scham auslösen.

Dosierte Unterstützung

Versuchen Sie, eine Balance zwischen Unterstützung und Selbstständigkeit zu finden, sprechen Sie häufig darüber mit der*dem Erkrankten und kommunizieren Sie ganz klar Ihre eigenen Grenzen. So fühlen Sie sich nicht ausgenutzt und die betroffene Person fühlt sich verstanden.

Verlangsamte und verkleinerte Bewegungen (Bradykinese)

- Alle Menschen mit Parkinson haben eine verlangsamte und kleinere Bewegung. Das zeigt sich in allen Muskeln und ist von außen beobachtbar, z. B. Kleinschrittigkeit, reduzierte Mimik, Langsamkeit im Alltag.
- Im Tagesverlauf ist die Bradykinese oft unterschiedlich ausgeprägt, je nach aktueller Medikamentenwirkung.
- Häufig nehmen die Erkrankten die kleineren, langsameren Bewegungen nicht als solche wahr. Die Eigenwahrnehmung verändert sich.

Folgende Sätze können Entspannung bringen und sorgen dafür, dass Sie in Kontakt bleiben:

- »Ich sehe, dass es gerade anstrengend für dich ist. Lass uns eine kurze Pause machen.«
- »Für mich ist es schwer einzuschätzen, wann du Hilfe brauchst und wann nicht. Kannst du mir bitte erklären, was das … (z. B. Socken anziehen) gerade schwer macht, damit ich es besser verstehe?«
- »Oje, jetzt sind wir, glaub ich, beide gerade so müde/gestresst/ausgelaugt. Was machen wir jetzt? Ich möchte mich jetzt erstmal sammeln.«
- »Ich habe in dem Ratgeber gelesen, wie wichtig es ist, dass Menschen mit Parkinson aktiv bleiben und möglichst viel selbstständig machen sollten. Deshalb halte ich mich manchmal mit meiner Unterstützung zurück. Sag mir bitte Bescheid, wenn du mich brauchst. Ich helfe dir gern.«

Die Tätigkeiten benötigen mehr Zeit

Alle Menschen mit Parkinson haben eins gemeinsam: Ihre Bewegungen sind verlangsamt. Das zeichnet sich vor allem im Alltag ab, wenn Tätigkeiten wesentlich mehr Zeit in Anspruch nehmen als früher. Das kann zu Konflikten führen, wenn Angehörige ungeduldig werden. Es entsteht Stress vor Terminen, hin und wieder können diese nicht pünktlich eingehalten werden. Und der gesamte Tagesrhythmus kann durcheinandergeraten.

Folgende Tipps können Entspannung bringen:

- Planen Sie bewusst mehr Zeit für das Anziehen ein.
- Planen Sie einen Zeitpuffer vor Terminen ein.
- Helfen Sie nur mit, wenn der*die Betroffene es wirklich benötigt. Ansonsten ist es vorteilhaft, wenn er oder sie sich selbstständig anzieht, um die Beweglichkeit zu erhalten.
- Wenn Sie zu Ungeduld neigen, gehen Sie aus dem Zimmer und schauen Sie nur alle 5 Minuten kurz vorbei, anstatt danebenzustehen und die erkrankte Person unter Druck zu setzen.
- Vermeiden Sie Sätze wie »Beeil dich!«. Es ist dem*der Erkrankten nicht möglich, die Bewegungen schneller durchzuführen, und der Druck verstärkt die Symptome.
- Um ein gemeinsames Frühstücken zu ermöglichen, ist eine Veränderung des gewohnten Tagesablaufs denkbar: z. B. aufstehen, duschen, frühstücken im Bademantel, anziehen.

Adaptiere Kleidung

Man findet Onlinegeschäfte mit Seniorenkleidung und Spezialbedarf für Rollstuhlfahrer. Hier können Sie einen guten Einblick in die verschiedenen Möglichkeiten bekommen, die es gibt, um das Anziehen zu erleichtern und die Handhabung insgesamt einfacher zu machen.

Schwitzen

Durch eine Veränderung des vegetativen Nervensystems schwitzen viele Parkinson-Erkrankte verstärkt. Dies kann äußerst unangenehm sein.

- Es kann hilfreich sein, locker sitzende Kleidung zu tragen.
- Naturtextilien wie Leinen, Baumwolle und Seide lassen die Luft zirkulieren, sodass ein Wärmestau vermieden wird.
- Eine andere gute Methode ist es, mehrere Lagen zu tragen. So kann, je nach Temperatur, ein Kleidungsstück an- oder wieder ausgezogen werden.
- Helle Kleidung reflektiert die Sonnenstrahlen.
- Manche Betroffene nehmen Wechselkleidung mit, wenn sie in der Öffentlichkeit unterwegs sind.

Knöpfe, Reißverschluss und Co.

Die feinmotorischen Fähigkeiten nehmen bei Menschen mit Parkinson ab. So wird es immer schwieriger, die kleinen Bewegungen durchzuführen, z. B. Knöpfe öffnen und schließen, Reißverschluss nutzen, Schleife binden, BH-Verschluss öffnen und schließen. Lassen Sie der betroffenen Person dennoch Zeit, es selbst zu probieren. Übernehmen Sie nicht vorschnell die feinen Tätigkeiten, denn die Übung hält die Finger aktiv, was förderlich für die Feinmotorik ist. Wenn eine Tätigkeit nicht mehr durchführbar ist, ist es sinnvoll Alternativen zu suchen, um die Selbstständigkeit zu erhalten.

Alternative Verschlüsse:
- Knöpfhilfe (Hilfsmittel)
- Hemd/Bluse mit Magnetknöpfen
- Schlaufe an Reißverschluss
- Reißverschluss von Jacken nicht ganz öffnen, über den Kopf an- und ausziehen
- Klettverschluss statt Schnürsenkel
- elastische Schnürsenkel
- BH vor dem Anziehen verschließen, dann wie ein T-Shirt anziehen
- BH ohne Verschluss, mit einfachem Verschluss oder Verschluss an der Vorderseite

Schwierigkeiten bei spezifischen Kleidungsstücken

Hosen und Röcke

Hosen und Röcke können aus zwei Gründen Schwierigkeiten bereiten. Einerseits kann beim Nach-vorn-Beugen, um sie anzuziehen, die Angst bestehen, nach vorn zu kippen. Andererseits sind die Verschlüsse oft sehr schwer zu öffnen und zu schließen.

Mögliche Alternativen:
- Statt Reißverschluss und Knopf lieber elastischer Bund.
- Hose oder Rock im Sitzen anziehen.
- Verschiedene Techniken in der Ergotherapie üben.
- Als Angehörige*r besser für Sicherheit sorgen, z. B. sichernd danebenstehen, als alles zu übernehmen.
- Eventuell Greifhilfe (Hilfsmittel) verwenden, um zu vermeiden, den Oberkörper nach vorn zu neigen.
- Bein überkreuzen oder Fuß auf Schemel stellen.

Oberteile

Beim Anziehen von Oberteilen können unterschiedliche Probleme auftauchen. Bei Pullovern kann das Über-den-Kopf-ziehen durch mangelnde Beweglichkeit schwierig sein. Bei Hemden und Blusen stellen meist die zahlreichen Knöpfe das Problem dar.

Mögliche Alternativen:
- Elastische Oberteile erleichtern das An- und Ausziehen, z. B. Polohemd statt Hemd.
- Es gibt verschiedenen Varianten, Oberteile an- und auszuziehen. Diese können im Rahmen der Ergotherapie geübt werden.
- Bei Gleichgewichtsproblemen sollte das Oberteil im Sitzen angezogen werden.
- Oberteile mit einfacher zu handhabenden Verschlüssen verwenden.

Jacke

Üblicherweise wird die Jacke im Eingangsbereich im Stehen angezogen. Das kann zu erheblicher Sturzgefahr führen, wenn beide Arme hinter dem Rücken sind, um in die Ärmel zu schlüpfen. In diesem Fall kann ein Sturz auch nicht mit den Händen abgefangen werden.

Mögliche Maßnahmen:

- Stuhl oder Hocker im Eingangsbereich aufstellen, um die Jacke im Sitzen anzuziehen.
- Als betreuende Person sichernd danebenstehen.
- Jacke mit Magnetleiste statt Reißverschluss verwenden.
- Jacke mit großen statt kleinen Knöpfen nehmen.

Socken und Schuhe

Die erste Tätigkeit, die oft Schwierigkeiten bereitet, ist das Anziehen von Socken und Schuhen, weil sie eine große Flexibilität und gute Fingerfeinmotorik erfordert.

- Als Angehörige sollten Sie nicht zu schnell eingreifen. Stehen Sie lieber sichernd daneben, um ein Nach-vorn-Kippen zu verhindern. Je mehr die betroffene Person aktiv selbst macht, desto besser sind die Beweglichkeit und die Geschicklichkeit.
- Unbedingt festsitzende Schuhe, Sandalen und Hausschuhe tragen, die hinten geschlossen sind. Bei Pantoffeln und Sandalen, die hinten offen sind, besteht akute Sturzgefahr!
- Hilfsmittel zum Anziehen von Strümpfen und Stützstrümpfen können über das Sanitätshaus beschafft werden.
- Strümpfe sollten oben nicht einschnüren, da so Schwellungen entstehen können.
- Ein langer Schuhlöffel erleichtert das Anziehen der Schuhe.
- Schuhe mit Klettverschluss oder elastischen Schnürsenkeln tragen.
- Bei geschwollenen Füßen sind Verbandsschuhe oder Sandalen hilfreich. Sie sitzen fest am Fuß und bieten gute Stabilität.
- Es gibt online Videos für Angehörige, wie man Stützstrümpfe am besten anzieht.
- Gummihandschuhe vereinfachen das Anziehen von Stützstrümpfen.
- Wenn Sie als Angehörige*r nicht vor Ort sind oder eine Einschränkung haben, die das Anziehen der Stützstrümpfe verhindert, übernimmt die Krankenkasse die Kosten für eine Pflegeperson, die morgens die Stützstrümpfe anzieht.

In der Küche

Manche Menschen kochen mit Begeisterung, für andere ist es eher ein »Muss«. So oder so müssen wir uns mehrmals täglich Mahlzeiten zubereiten und in der Küche tätig sein.

Sortierung von Gegenständen

Mit Zunahme der Einschränkungen kann es Betroffenen schwerfallen, Gegenstände in der Küche zu erreichen. Oder sie sind zwar erreichbar, das Sturz- oder Verletzungsrisiko ist jedoch erhöht, wenn er oder sie den Gegenstand holt. Außerdem führt die ineffiziente Anordnung der genutzten Utensilien häufig zu Überforderung oder Erschöpfung (Kasten, Seite 109) Sehen Sie sich zusammen mit dem*der Betroffenen die Küche an.

Gehen Sie Schritt für Schritt durch Ihren Tagesablauf und stellen sich folgende Fragen:

- Welche Tätigkeiten führt die*der Erkrankte selbstständig durch oder möchte sie durchführen?
- Welche Utensilien benötigt er*sie dafür? Sind sie gut erreichbar?
- Welche Lebensmittel benötigt sie*er? Sind sie gut erreichbar?
- Sind Küchengeräte und benötigte Lebensmittel logisch zusammen angeordnet? Zum Beispiel Kaffeemaschine, Filter, Kaffeepulver, Wasserhahn.
- Gibt es eine Sitzmöglichkeit in der Küche?
- Kann eine Neusortierung der Küche zu Kraftersparnis oder vergrößerter Sicherheit führen? Zum Beispiel große Salatschüssel im Unterschrank lagern, Wasserflaschen in Nähe des Esstisches lagern.
- Achtung! Bei einer demenziellen Entwicklung kann eine Umsortierung zu Verunsicherung und Desorientierung führen.

Erschöpfungssyndrom (Fatigue)

Ein weniger bekanntes Symptom der Parkinson-Erkrankung ist Fatigue, auch Erschöpfungssyndrom genannt. Es tritt bei etwa 50 % der Erkrankten auf. Sie erleben eine erdrückende Erschöpfung und haben keine Energie, aktiv zu werden. Fatigue kann körperlicher, psychischer und/oder kognitiver Natur sein und beeinflusst die Lebensqualität und die Selbstständigkeit negativ. Fatigue steht nicht unbedingt in Zusammenhang mit vorausgegangener körperlicher oder geistiger Verausgabung. Es kann passieren, dass die Erschöpfung schon gleich nach dem Aufstehen auftritt.
Von außen lässt sich Fatigue meist nicht erkennen. Deshalb können Missverständnisse und Konflikte entstehen, wenn sich die betroffene Person z. B. von einem Moment auf den anderen zurückzieht und Hilfe benötigt.

- Oft genutzte Gegenstände sollten in Gruppen und sichtbar gelagert werden.
- Verschlossene Schränke können beschriftet oder bebildert werden.

Ablenkung

Es kann sein, dass Ablenkungen zur Verschlechterung von Tremor, Konzentration, Bewegungsflüssigkeit und Muskelsteifigkeit führen. Dabei können auch Hintergrundgeräusche auslösend sein.

Besprechen Sie dies mit der betroffenen Person und beobachten Sie selbst:

- Ist die Durchführung von Betätigungen in der Küche (und auch an anderen Orten) verändert, wenn ablenkende Faktoren vorhanden sind?
- Was passiert, wenn Radio, Musik, Gespräche, Haustier usw. in der Küche untersagt werden?
- Was passiert, wenn beim Kochen mehrere Tätigkeiten zugleich durchgeführt werden? Zum Beispiel Nudeln kochen, Soße zubereiten, Teller und Besteck richten.
- Kann an der Situation etwas verändert werden, um einer Überlastung vorzubeugen? Zum Beispiel Radio ausschalten, den Tisch vorab decken, Arbeitsteilung einführen, sodass der Betroffene immer nur eine Tätigkeit auf einmal durchführt.

Vereinfachung von Tätigkeiten

Aus Gewohnheit führen wir Tätigkeiten meist immer gleich aus. Was früher vielleicht gut war, ist jetzt zu schwierig oder zu aufwendig für die betroffene Person. Machen Sie sich gemeinsam darüber Gedanken, ob Tätigkeiten vereinfacht werden können, damit er oder sie sie durchführen kann.

Beispiele zur Vereinfachung:
- sitzend statt stehend
- Teilaufgaben weglassen
- vorgeschnittenes Obst (z. B. Melone, Ananas) kaufen
- Fertigteig kaufen
- Pausen im Ablauf einplanen
- Küchengeräte nutzen (wie Teigmixer, manueller oder elektrischer Zerkleinerer, elektrischer Dosenöffner)

Zeitstress

Durch die Verlangsamung der Bewegungen benötigen Menschen mit Parkinson für die meisten Tätigkeiten mehr Zeit. Wenn sie versuchen, sich zu beeilen, nimmt die Steifigkeit in Armen und Beinen oft sogar zu und die Bewegungen verlangsamen sich noch mehr.

Achten Sie auf folgende Punkte:
- Planen Sie genug Zeit und etwas extra Zeit ein, damit kein Stress entsteht.
- Durch Vorkochen können Termine am frühen Nachmittag eingehalten werden.
- Essen Sie öfter Mahlzeiten, die keine exakte Zeiteinteilung bei der Zubereitung benötigen, z. B. Salat, Auflauf, Ofengerichte, kalte Gerichte.
- Arbeitsteilung entspannt die Situation deutlich, nehmen Sie der betroffenen Person etwas ab.
- Es muss nicht immer ein Drei-Gänge-Menü sein. Lagern Sie Tiefkühlpizza

Automatisierte Bewegungen

Bei allen Bewegungen, die normalerweise automatisiert durchgeführt werden, kommt es bei Menschen mit Parkinson zunehmend zu Schwierigkeiten. Dazu gehören z. B. Laufen, Schreiben, Schlucken, Zähne putzen usw. Es ist ein Stocken der Aktivität zu beobachten: z. B. Freezing beim Laufen und die Bewegung wird immer kleiner, die Schrift beginnt groß und wird kleiner. Das führt auch dazu, dass Handlungen, die als Dual-Tasks (zwei Handlungen gleichzeitig) durchführt werden, nicht mehr gut klappen. Zum Beispiel Tablett tragen und laufen, Radio hören beim Anziehen, sprechen während des Essens, mit einer Hand Soße umrühren, mit der anderen Milch nachgießen. Achten Sie als Außenstehende darauf, wenn eine Tätigkeit stockt, ob die*der Erkrankte gerade versucht, zwei Handlungen gleichzeitig durchzuführen.

oder Fertigsoße für die schwierigen Tage.
- Ein Essens-Bringdienst oder »Essen auf Rädern« erleichtert den Alltag.

Teamarbeit

Oft gibt es fest verteilte Rollen und eine Person ist hauptsächlich für das Kochen zuständig. Ich lade Sie ein, das Konzept zu überdenken, denn es kann viele Vorteile bringen, gemeinsam das Essen zuzubereiten:
- Entlastung der Person, die normalerweise kocht.
- Anregung von Aktivität der betroffenen Person.
- Gemeinsame Aktivitäten sind verbindend und führen zu mehr Kommunikation.
- Der*die Erkrankte beübt nebenbei viele Fähigkeiten wie planerisches Denken, Feinmotorik und Handkraft und die Sinne werden angeregt (Fühlen, Riechen, Schmecken).
- Die Zufriedenheit, etwas selbst zubereitet zu haben, schafft Selbstbewusstsein.

Hilfsmittel in der Küche

Damit Arbeiten in der Küche weiterhin von der erkrankten Person durchgeführt werden können, können Hilfsmittel eingesetzt werden.

Beispiele für Küchenhilfsmittel:
- Griffverdickung für Schäler und Messer
- Messer und Schäler mit adaptiertem Griff
- Anti-Rutsch-Unterlage, die unter das Schneidebrett gelegt wird
- Öffnungshilfen für Deckel
- schnittfeste Handschuhe für die Küche, z. B. bei Tremor
- Pfannenhalter, um Verrutschen der Pfanne beim Rühren zu verhindern

Sport

Es gibt zwei wichtige Behandlungsstrategien bei Parkinson, die unbedingt beide genutzt werden sollten: eine optimale medikamentöse Einstellung und Bewegung.

Für die im Erkrankungsverlauf immer komplexer werdende Einstellung und Anpassung der Parkinson-Medikamente sollte regelmäßig eine auf Parkinson spezialisierte Neurolog*in bzw. eine entsprechende neurologische Klinik aufgesucht werden. Was die heilsame Wirkung von Bewegung angeht, kann ich sie aus meiner ergotherapeutischen Erfahrung nur jedem Betroffenen ans Herz legen. Zudem wurde in den letzten Jahren die Effektivität von sportlicher Betätigung bei Parkinson in zahlreichen Studien nachgewiesen.

Sport wirkt bei Parkinson auf vielfältige Weise positiv:

- Die allgemeine Beweglichkeit wird verbessert.
- Die Gangstabilität nimmt zu. Stürze sind seltener und das unabhängige Laufen ist länger möglich.
- Die Kraft im ganzen Körper wird größer.
- Schmerzsymptome lassen nach, z. B. Rückenschmerzen.
- Es ist ein verbesserter Schlaf zu beobachten.
- Die Stimmung ändert sich zum Positiven.
- Sport erhöht die allgemeinen kognitive Fähigkeiten wie die Gedächtnisleistung.
- Eine vorhandene Antriebsstörung wird durch Sport verringert.
- Das Erschöpfungssyndrom (Fatigue) tritt weniger auf.
- Das häufige Parkinson-Symptom »Verstopfung« wird vermindert.

- Die Selbstständigkeit bei Alltagsaktivitäten bleibt länger erhalten.
- Sport beugt auch sekundären Komplikationen der Parkinson-Erkrankung wie Muskelverkürzungen, Osteoporose und Herz-Kreislauf-Erkrankungen vor.

Insgesamt hat sportliche Betätigung einen positiven Effekt auf den Krankheitsverlauf und sollte unbedingt in den Alltag integriert werden. Wissenschaftler*innen, Fachkolleg*innen und Patientenvertreter*innen sind sich einig, dass Sport in der Behandlung der Parkinson-Erkrankung eine Schlüsselrolle spielt.

Sportart

Zunächst stellt sich die Frage, welche Sportart bei Parkinson am besten ist. Es gibt einige Studien zu unterschiedlichen Sportarten, die positive Effekte nachweisen. Dazu zählen z. B. Walken, Tai-Chi, Radfahren, Yoga, Tanzen, Boxen. Jedoch ist die Sportart nicht ausschlaggebend für die positiven Effekte. Viel wichtiger ist, dass der oder die Betroffene regelmäßig und intensiv trainiert. Es ist zu empfehlen, eine Sportart zu suchen, die der erkrankten Person Spaß und Freude bereitet. Denn dann ist die Hürde niedriger, dranzubleiben und mit hoher Intensität zu trainieren. Helfen Sie Ihrem*r Angehörigen, einen Sport zu finden der ihr*ihm liegt. Animieren Sie sie*ihn, Verschiedenes auszuprobieren.

Die folgende Liste soll Ihnen einige Anregungen geben:

- Tangotanzen
- anderer Tanzsport
- Radfahren
- Motomed®
- Nordic-Walking
- Tai-Chi
- Yoga
- Pilates
- Boxen
- Tischtennis (Ping-Pong-Parkinson ist eine inspirierende weltweite Bewegung, die Menschen mit Parkinson zu gemeinsamer Bewegung zusammenbringt)
- Tennis
- Wassergymnastik
- Sitzgymnastik
- Fußball
- Badminton
- Tennis
- Judo
- Kanufahren
- Schwimmen
- Krafttraining
- Leichtathletik
- Langlaufen
- Aerobics
- Aquagymnastik
- Karate
- Joggen
- Rehasport (wird in der Regel von der Krankenkasse übernommen)

Häufigkeit und Motivation

Wie häufig der*die Parkinson-Betroffene Sport machen sollte, ist individuell. Grundsätzlich gilt: Je mehr, desto besser. Dabei sollte auf ausreichende Erholungsphasen geachtet werden. Als Richtlinie gelten die von der WHO vorgegebenen 2½ Stunden pro Woche. Dabei zählt jede Aktivität, bei der der Puls erhöht ist. Wie die 2½ Stunden auf die Woche verteilt werden, ist unwichtig.

Schlagen Sie der betroffenen Person verschiedene Alternativen vor, um auf die 2½ Stunden zu kommen, z. B.:

- Täglich 20 Minuten schnelles Gehen können schon einen positiven Effekt haben.
- Zweimal die Woche 1–1½ Stunden einer Sportart nachzugehen, liegt manchen Menschen mehr.
- Einmal die Woche 1½ Stunden Sport und zusätzlich jede Treppe in der Woche schnell hochzusteigen, statt den Aufzug zu nutzen, ist eine gute Alternative.

Die Schwierigkeit besteht häufig darin, die Motivation, Sport zu machen, über lange Zeit aufrechtzuhalten.

Hier ein paar Anregungen, wie Sie als Angehörige*r die Motivation heben können:

- Werden Sie zusammen aktiv. Suchen Sie einen Sport, den Sie beide mögen. So motivieren Sie sich gegenseitig und Ihre Bindung wird gestärkt.
- Suchen Sie eine Gruppe, die gemeinsam Sport macht. Es motiviert ungemein zu wissen, dass die anderen Teilnehmer auf einen warten: z. B. beim Teamsport, beim Ping-Pong-Parkinson, bei einer Pilates-Gruppe oder beim Rehasport in der Gruppe.
- Ein Trainingsplan hilft, eine Struktur zu schaffen.
- Die Aktivität sollte zu festen Terminen in der Woche geplant werden.
- Legen Sie die Sportkleidung und Schuhe schon abends bereit, um morgens gleich beginnen zu können.
- Suchen Sie einen Sport in der Nähe, der schnell und unkompliziert zu erreichen ist.
- Machen Sie sich das Leben leichter, z. B. am Sporttag ein Fertiggericht zuzubereiten, statt selbst zu kochen, um mehr Zeit und Energie für den Sport zu haben.
- Es kann helfen, den Sport mit einer »Belohnung« zu kombinieren, z. B. danach einen Kaffee trinken im Lieblings-Café oder ein einfaches »High-Five«.
- Es ist besser, sich täglich ein wenig zu bewegen, als einmal die Woche alles auf einmal zu machen. Denn wenn man einmal die Woche alles gibt, kann es zu einer Überlastung kommen, was eine negative Erfahrung ist. Wenn dagegen täglich ein bisschen trainiert wird, fühlt man sich stolz darauf, aktiv zu sein, und es bleibt eine positive Erfahrung. So ist die Wahrscheinlichkeit größer, dass man sich nächstes Mal wieder aufrafft.

Probieren Sie gern diese Ratschläge auch für sich aus, denn auch für Sie ist Sport natürlich wichtig. So bleiben Sie kräftig und fit, zusätzlich bietet Bewegung den perfekten Ausgleich.

Ihre Rolle als Angehörige*r

Manchmal können die oben genannten Tipps helfen, um die erkrankte Person zu motivieren, aktiv zu werden, doch häufig bleiben Angehörige erfolglos. Der*die Betroffene verschiebt den Sport täglich auf den nächsten Tag, weigert sich, aktiv zu sein, oder die Hürde, sich aufzuraffen, scheint schier unüberwindbar. Das gehört zum Krankheitsbild dazu, ist jedoch für Angehörige sehr schwer auszuhalten. Schließlich gibt es ja viele Studien, die zeigen, wie wichtig Sport und Aktivität sind, und Sie als Begleiter*in wollen das Beste für die*den Erkrankten.

Die folgende Dynamik konnte ich schon häufig beobachten: Der*die Angehörige versucht, die betroffene Person zu animieren. Diese möchte nicht. Der*die Angehörige macht Druck. Die Person lässt sich jedoch nicht umstimmen. Am Ende ärgern sich beide über den anderen und es kommt zum Konflikt.

Reduzierter Antrieb

Der innere Antrieb nimmt bei vielen Menschen mit Parkinson ab. Das kann ein eigenständiges Symptom (Antriebstörung oder Apathie) oder eine Folge eines anderen Symptoms (Depression, Fatigue, Schlafmangel) sein. Eigeninitiative ist dann kaum vorhanden, Betroffene müssen von außen motiviert werden, aktiv zu sein und Dinge zu tun, die ihnen früher große Freude bereitet haben.

Haben Sie sich schon einmal in dieser Situation wiedergefunden? Meiner Erfahrung nach ist die Beziehung zwischen betroffener Person und Begleiter*in das Allerwichtigste. Wenn die mangelnde Motivation zum Dauerthema wird und täglich Konflikte deswegen entstehen, ist es besser, den Druck rauszunehmen. Ein entspanntes Miteinander ist viel wert. Suchen Sie für sich selbst einen Sport, der Ihnen Spaß macht. Wenn der*die Betroffene sich nicht unter Druck gesetzt fühlt, bekommt er oder sie vielleicht Lust, sich Ihnen anzuschließen. Lesen Sie in diesem Zusammenhang auch gern nochmal die Ausführungen zum Thema Kommunikation (Seite 61).

Draußen unterwegs

Wenn man mit einem Menschen mit Parkinson unterwegs ist, z. B. beim Einkaufen, im Straßenverkehr oder im Kontakt mit fremden Menschen, können Schwierigkeiten auftreten.

Einkaufen

Beim Einkaufen gibt es Engstellen zu passieren und andere Menschen, die plötzlich den Weg kreuzen. Das kann zu Freezing führen oder eine Sturzgefahr bedeuten. Außerdem entsteht beim Bezahlen häufig eine Stresssituation sowie beim Einladen der Waren und beim Bezahlen, wenn hinter einem die Schlange immer länger wird.

Einige Einkaufs-Tipps:

- An Tagen (Dienstag und Mittwoch) und zu Tageszeiten (vormittags) einkaufen, an denen weniger los ist.
- Den Betroffenen den Einkaufswagen schieben lassen, um eine Festhaltemöglichkeit zu haben.
- Für kleine Einkäufe Rollator oder Rucksack nutzen, um Einkäufe zu transportieren.
- Sich Lebensmittel liefern lassen.
- Eine Karte am Schlüsselbund anbringen, um das Verkaufspersonal, ohne lange Erklärungen, über die Erkrankung zu informieren: z. B. »Ich habe Parkinson, bitte haben Sie Geduld. Danke.«
- Mit der Karte statt bar bezahlen.

Straße überqueren

Beim Überqueren der Straße kann die Sturzgefahr erhöht sein. Beim plötzlichen Loslaufen kann Freezing auftreten, der Bordstein stellt ein Hindernis dar, durch die Langsamkeit wird die andere Straßenseite eventuell nicht rechtzeitig erreicht. Zusätzlich stellen Fahrzeuge und Verkehrsteilnehmende eine Ablenkung vom Gehen dar und der erzeugte Stress wirkt sich negativ auf das Laufen aus.

Als Angehörige*r können Sie die betroffene Person unterstützen:

- Vermitteln Sie Ruhe und Sicherheit.
- Bieten Sie einen Arm zum Festhalten an.
- Geben Sie einen Cue (Seite 73) zum Loslaufen z. B. »los«.
- Geben Sie beim Laufen einen Rhythmus vor, z. B. durch Zählen oder der*die Erkrankte beobachtet Ihre Laufbewegungen.
- Wenn sich ein Fahrzeug nähert, halten Sie Ihre Hand gut sichtbar als »Stop!« in die Höhe.
- Tragen Sie und die Person mit Parkinson helle Kleidung, um im Dunkeln besser sichtbar zu sein.

Einige Rollatoren verfügen innen an einem Hinterrad über einen kleinen Vorsprung (wie ein Mini-Pedal), auf den man mit der Fußspitze treten kann, um die Vorderräder leicht anzuheben. So lässt sich der Rollator viel leichter auf den Bürgersteig oder einen Absatz bugsieren.

Umgang mit einem Rollator

Ein Rollator bietet Sicherheit und ermöglicht Mobilität, sodass Menschen mit Gangunsicherheiten am sozialen Leben teilnehmen können. Der Umgang mit einem Rollator ist leicht zu lernen.

Es gibt einige Dinge zu beachten, auch für Begleitende:

- Die Einstellung des Rollators sollte vom Sanitätshaus oder der Physio- oder Ergotherapie vorgenommen werden.
- Die Höhe der Griffe sollte so sein, dass die Schultern nicht hochgezogen werden (oft zu hoch) und der Oberkörper nicht nach vorn geneigt werden muss, um die Griffe zu erreichen (zu niedrig).
- Niemals am Rollator ziehen, wenn die betroffene Person langsam läuft! Das verunsichert die Person nur.
- Bremsen müssen beim Aufstehen und Hinsetzen festgestellt werden.
- Die*der Erkrankte sollte zwischen den Rädern laufen. Wenn er oder sie den Rollator zu weit von sich wegschiebt oder ein Rad mit den Füßen berührt, korrigieren Sie die Haltung.
- Wenn beim Loslaufen Startschwierigkeiten entstehen, sollte das in der Ergo- oder Physiotherapie geübt werden.
- Beim Bergab-Laufen wird der Rollator mit den Bremsen am Davonrollen gehindert.
- Lassen Sie sich den Umgang mit dem Rollator genau zeigen, z. B. wie man mit ihm möglichst mühelos Hindernisse wie die Bürgersteigkante überquert (Abb. Seite 117), wie und ob man ihn als sichere Sitzgelegenheit unterwegs nutzen kann und was er sonst noch für Möglichkeiten bietet.

Kommunikation mit fremden Menschen

In der Öffentlichkeit trifft man auf unbekannte Menschen, die mehr oder weniger empathisch sind und unterschiedliche Kenntnisse über die Parkinson-Krankheit haben und deren Erfahrungen mit Menschen mit Einschränkungen variieren. Ich habe schon einige Geschichten von Menschen gehört, die unfreundlich, ungeduldig oder einfach planlos im Umgang mit Parkinson-Erkrankten waren. Es wäre natürlich wünschenswert, wenn unsere Gesellschaft im Allgemeinen offener und selbstbewusster im Umgang mit Menschen mit Behinderungen wäre. Sie können Ihren Teil dazu beitragen, indem Sie Aufklärungsarbeit und Öffentlichkeitsarbeit machen (soziale Medien, aktive Mitarbeit in Parkinson-Vereinen, Anschluss an andere Parkinson-Gruppen). Es gibt hier eine große Bandbreite an Möglichkeiten. Vernetzen Sie sich mit anderen Erkrankten und Angehörigen, um sich auszutauschen und zusammen etwas zu verändern. Aktiv werden nimmt Ihnen das Gefühl der Hilflosigkeit und das Gemeinschaftsgefühl gibt Ihnen Kraft, um mit der herausfordernden Situation umzugehen.

Wenn Sie im Alltag mit fremden Menschen zu tun haben, können Sie als Angehörige eine Vermittlerrolle einnehmen, um Verständnis zu gewinnen und die Situation zu erleichtern:

- Klären Sie mit der*dem Betroffenen, inwieweit Sie mit Fremden seine oder ihre Erkrankung ansprechen dürfen.
- Ein offener Umgang mit der Diagnose vereinfacht häufig die Situation, weil dann beim Gegenüber Verständnis entsteht, z. B. »Tut uns leid für die Verzögerung, meine Partnerin hat Parkinson.«
- Betroffene, die im Rollstuhl sitzen oder bei denen die Sprache verwaschen ist, berichten häufig, dass sie z. B. in der Bank nicht ernst genommen werden. Mitarbeitende sprechen dann statt mit der*dem Erkrankten mit der Begleitung. In dem Fall können Sie das Gespräch wieder umlenken, z. B.: »Meine Mutter regelt ihre Finanzen selbst. Ich bin lediglich die Begleitperson. Bitte klären sie diese Fragen direkt mit meiner Mutter.«
- Statt großer Erklärungen reicht manchmal auch ein direkter Blick mit einem kleinen Lächeln, um ungeduldige Menschen zur Besinnung zu bringen.
- Aber auch eine kurze Aufforderung ohne Erklärung kann hilfreich sein, z. B.: »Bitte haben Sie Geduld.« »Wir brauchen bitte etwas mehr Platz.« »Einen Moment bitte!«
- Wenn Sie Hilfe benötigen, ist es sinnvoll, direkt darum zu bitten. Die meisten Menschen möchten helfen, sind erfahrungsgemäß jedoch entweder überfordert und wissen nicht, ob und wie sie helfen sollen, oder sie nehmen die Situation gar nicht richtig wahr, sind in Gedanken versunken oder mit dem Smartphone beschäftigt.
- Geben Sie möglichst genaue Anweisungen, z. B.: »Könnten Sie uns bitte die Tür aufhalten, während ich den Rollstuhl meines Bruders durchschiebe.« »Können Sie Ihren Koffer bitte woandershin stellen, da kommen wir nicht gut durch.« »Mein Mann läuft nicht so sicher, könntest du mit dem Hund bitte hinter ihm laufen, dann kann er sich besser auf seine Schritte konzentrieren.«

Tremor oder andere auffällige Symptome

Besonders auffällige Symptome sind Betroffenen in der Öffentlichkeit oft unangenehm, weil sie Blicke von Unbekannten bekommen. Tremor, Speichelfluss, Freezing, unsicherer Gang, leise und verwaschene Sprache und einige andere Symptome fallen in der Öffentlichkeit auf. Fremde Menschen starren Betroffene an oder flüstern sich gegenseitig Kommentare zu. Das ist uneinfühlsam und unfreundlich und tritt leider immer wieder auf. Dieses Verhalten ist eine Form der Diskriminierung von Menschen mit Behinderung (auch Ableismus genannt). Denn natürlich haben alle Menschen das Recht, sich in der Öffentlichkeit zu bewegen, ohne angestarrt zu werden. Leider haben viele Menschen keinen Kontakt mit Menschen mit Behinderung und haben sich nie damit beschäftigt, wie es denen geht, wenn sie sich so verhalten. Manche Menschen tendieren auch zum anderen Extrem. Sie bekunden übertrieben Mitleid oder Bewunderung für die Person mit Parkinson. Auch das ist eine Form der Abwertung und muss nicht hingenommen werden.

Was Sie tun können:

- Die erkrankte Person hat niemals die Schuld am Verhalten der anderen und ist ihnen weder eine Erklärung schuldig, noch sollte er oder sie das Gefühl haben, sich irgendwie anders verhalten zu müssen.
- Bleiben Sie als Angehörige selbstbewusst bei der betroffenen Person. Das stärkt sie oder ihn und Sie selbst.
- Ein eindringlicher Blick in Richtung der starrenden Person reicht meist, um das unangemessene Verhalten zu quittieren.
- Ein kurzes »Hören Sie auf!« oder »Geht's noch?« wirkt Wunder.
- Bei unangemessenen Fragen oder abwertendem Verhalten kann auch eine ganz klare Aussage angebracht sein, wie: »Das geht Sie nichts an.« Oder: »Die Frage ist diskriminierend.« »Ihr Verhalten ist diskriminierend.« Dafür braucht man allerdings viel Mut.
- Checken Sie kurz mit der*dem Betroffenen, ob sie*ihn die Blicke stören und sie woanders hingehen wollen, oder strecken Sie den Glotzern einfach die Zunge raus.
- Sie können auch nachfragen, ob die Person eine Frage habe.

Vorbereitungen zum Rausgehen

Viele Menschen mit Parkinson gehen nur noch selten vor die Tür. Dafür kann es viele Gründe geben. Für Angehörige ist es oftmals schwer zu akzeptieren. Geht es Ihnen auch so? Vielleicht möchten Sie sehen, wie der*die Betroffene am Leben teilnimmt, und Sie würden sich freuen, wieder etwas gemeinsam zu unternehmen. Hier ein paar Anregungen wie Sie einen Ausflug vorbereiten können.

Inkontinenz

Inkontinenz tritt häufig bei Parkinson auf. Betroffene machen sich Sorgen, dass Urin danebengeht oder nicht schnell genug eine Toilette gefunden wird. Da dies ja tatsächlich eine sehr unangenehme Situation ist, ist eine gute Vorbereitung notwendig.

- Vorher erkundigen, ob öffentliche Toiletten in der Nähe sind.
- Menschen mit Behinderung können einen Euro-EC-Schlüssel für Bahnhoftoiletten und öffentliche Toiletten bekommen.
- Eine ausreichend große Einlage einlegen.
- Einlage zum Wechseln mitnehmen.
- Vorher beim Restaurant anrufen, um zu erfragen, ob das WC gut zugänglich ist.

Fatigue/Müdigkeit/Off-Phasen

Bei vielen Parkinson-Erkrankten verändert sich die Situation von einem Moment auf den anderen. Sie fühlen sich plötzlich kraftlos, schläfrig oder die Beweglichkeit lässt plötzlich nach. Wenn man unterwegs ist, kann das manche Pläne durcheinanderbringen und Betroffene fühlen sich schuldig oder es kommt zum Konflikt.

- Dokumentieren Sie über ein paar Wochen, wann solche Symptome auftreten. So lernen Sie besser einzuschätzen, wann welcher Ausflug gut passt.
- Planen Sie flexibel. Planen Sie gleich mit ein, was Plan B ist, wenn z. B. Fatigue auftritt (z. B. Abbruch des Ausflugs, Veränderung des Ausflugs, Pause).
- Bleiben Sie flexibel! Wenn etwas Unvorhergesehenes passiert, bleiben Sie entspannt und suchen Sie nach Lösungen. Betroffene können dann meist nicht gut problemlösend denken.
- Versuchen Sie immer einen Mini-Plan zu haben, sodass der Ausflug dennoch stattfinden kann: z. B. Eis essen, statt Essen gehen; Tischtennis-Spiel zusehen statt mitmachen; im Rollstuhl geschoben werden, statt zu laufen.
- Informieren Sie andere, dass es eventuell eine Planänderung oder Verkürzung geben wird, damit sie sich darauf einstellen können.

Reduzierte Motivation

Teil der Parkinson-Krankheit ist oft, dass Betroffene weniger Antrieb haben als früher, bis hin zu Apathie. Angehörige berichten mir häufig, dass es für sie sehr frustrierend und traurig ist zu sehen, wie die erkrankte Person motivationslos zu Hause sitzt, obwohl körperlich nichts gegen eine Aktivität spricht.

- Planen Sie Aktivitäten, die Ihnen beiden Freude bereiten.
- Gehen Sie allein oder mit anderen, wenn der oder die Betroffene sich nicht motivieren lässt.
- Sprechen Sie mit der*dem Erkrankten, um zu erfahren, ob es Aktivitäten gibt, die er*sie lieber macht und die Hürde sich nicht so groß anfühlt.
- Teilen Sie große oder lange Betätigungen in Häppchen ein. Zum Beispiel: Wir gehen erstmal zum Bahnhof und dann entscheiden wir, ob wir mit dem Zug weiterfahren und Freunde in der Stadt treffen oder dort bleiben und ein Eis essen.
- Machen Sie sich bewusst, dass Antriebsschwäche durch eine Dysbalance der Botenstoffe (Neurotransmitter) im Gehirn ausgelöst wird und zur Krankheit gehört.

Selbstständigkeit und Teilhabe

Anstatt Ihnen Bewegungsübungen an die Hand zu geben, habe ich einen anderen Ansatz gewählt: Selbstständigkeit im Alltag, Selbstmanagement und Teilhabe ermöglichen.

Eigenübungen für zu Hause haben auf jeden Fall ihre Berechtigung. Denn es konnte in mehreren Studien (z. B. Ahlskog 2018[8]) nachgewiesen werden, dass Sport und Bewegung sich positiv auf motorische, kognitive und psychologische Symptome auswirken und wahrscheinlich sogar den Verlauf der Parkinson-Krankheit etwas verlangsamen.

Ich empfehle im Rahmen von Therapien, Sportgruppen und Rehabilitation intensive regelmäßige sportliche Betätigung (Seite 112). Auch die Übungen, die Therapeuten Ihrem Angehörigen mitgeben, sollten regelmäßig durchgeführt werden, da diese individuell auf ihn oder sie abgestimmt sind. Wenn (fast) täglich geübt wird, kann die Physiotherapie, Ergotherapie oder Logopädie ihre volle Kraft entfalten.

Diese Übungen und sportlichen Betätigungen sollten jedoch nicht vom Partner angeleitet werden. Meiner Erfahrung nach führt es in Partnerschaften häufig zu Konflikten, wenn die nicht-betroffene Person Übungen für die betroffene Person anleitet. Der Rollenwechsel tut der Beziehung selten gut. Wenn dies bei Ihnen auch zu Spannung und Streit führt, schlage ich eine Alternative vor, die sich ganz natürlich in den Alltag integrieren lässt und auch sehr positive Auswirkungen auf die Lebensqualität von Betroffenen hat.

Selbstständigkeit ermöglichen

Für uns Menschen ist (nach Fischer und Marteralla, 2019[9]) das eigene Handeln und der Wert, den wir damit verknüpfen, Teilhabe. Sind wir in der Lage, uns selbst zu versorgen und Tätigkeiten, die uns wichtig sind, eigenständig durchzuführen, erfahren wir Selbstwirksamkeit. Aus diesem Grund ist es von zentraler Bedeutung, erkrankten Personen nicht zu viel abzunehmen: so viel wie nötig, so wenig wie möglich.

Bevor Sie weiter unten konkrete Tipps lesen, lade ich Sie zu einer Beobachtungsaufgabe ein: Welche Tätigkeit fällt dem*der Erkrankten schwer? Nächstes Mal, wenn er oder sie die Tätigkeit durchführt, versuchen Sie nicht zu helfen, sondern zunächst nur zu beobachten, wie die Handlung bewältigt wird. Beachten Sie dabei nicht nur die Motorik, sondern auch die Umwelt und versuchen Sie einzuschätzen, wie belastbar die erkrankte Person gerade ist. Dann im nächsten Schritt benennen Sie für sich möglichst genau, wo die Handlung gerade schiefläuft: An welchem Punkt hakt es? Ist es das Einfädeln des Reißverschlusses oder ist es der unsichere Stand? Bieten Sie dann eine Hilfestellung an, die sich genau auf diesen einen Punkt beschränkt (Einfädeln helfen oder einen Stuhl bereitstellen), um dann die Person den Rest der Handlung selbstständig ausführen zu lassen.

Das kann gleichzeitig auch eine kleine Achtsamkeitsübung sein (nicht direkt zur Hilfe eilen, sondern erstmal durchatmen, beobachten, entscheiden). Und der Blick kann auch auf Ressourcen gelenkt werden (eigentlich klappt das Anziehen der Jacke insgesamt sehr gut, wenn ich dabeisitze).

Selbstständiges Anziehen und Körperhygiene

Als Angehörige*r kann man manchmal schwer mit ansehen, wenn sich ein geliebter Mensch abmüht, um z. B. die Socken anzuziehen. Da passiert es schnell, dass man kurz hilft und die betroffene Person entlastet. Diese Hilfe ist gut gemeint und auch menschlich verständlich. Trotzdem empfehle ich Ihnen, Ihre eigene Hilfe kritisch unter die Lupe zu nehmen. Ist sie wirklich notwendig? Nehmen Sie Ihrem*r Angehörigen aus Mitleid zu viel ab?

Wie Sie in der Beobachtungsaufgabe vielleicht festgestellt haben, ist oftmals keine komplette Abnahme der Tätigkeit notwendig, sondern nur eine kleine Hilfe oder eine Veränderung der Umgebung, damit der*die Betroffene so selbstständig wie möglich bleibt.

Ein paar Beispiele:

- Socken anziehen kann durch einen Fußschemel an der Bettkante ermög-

licht werden, auf dem der jeweilige Fuß erhöht abgesetzt werden kann.
- Die Kleidung kann von der erkrankten Person abends bereitgelegt werden, wenn morgens die Beweglichkeit schlechter ist.
- Im Bad kann ein Hocker vor dem Waschbecken eine sichere und selbstständige Hygiene ermöglichen (weitere Hilfsmittel finden Sie im Kapitel »Bad und Toilette«, Seite 92).
- Beim Kauf von Kleidung sollte auf eine einfache Handhabung geachtet werden: z. B. Hosen und Röcke mit Gummibund, Polohemd statt Hemd mit kleinen Knöpfen, Schuhe mit Klettverschluss.
- Beim Anziehen von Jacke und Schuhen, um nach draußen zu gehen, kann durch ausreichende Zeiteinplanung eine Selbstständigkeit erhalten werden. Animieren Sie Ihre*n Angehörigen z. B. schon 15 Minuten vor der Abfahrt, sich fertig zu machen.
- Sortieren Sie den Inhalt von Schränken um, damit die betroffene Person alles erreichen kann, um sich selbstständig zu versorgen (z. B. Kleidung, Hygieneartikel, Geschirr, Fernbedienung, Telefon, Obst, Snacks, PC).
- Helfen Sie, den Reißverschluss der Jacke einzufädeln, lassen Ihre*n Angehörige*n dann selbstständig den Reisverschluss schließen.
- Sie öffnen die Flasche Wasser, der*die Betroffene schenkt sich selbst ein.

Selbstständigkeit im Haushalt

Ähnlich ist es bei der Durchführung von Haushaltstätigkeiten. Wägen Sie am besten zusammen ab, welche Tätigkeiten noch gut von der*dem Erkrankten durchgeführt werden können. Denn je aktiver er oder sie im Alltag ist, desto besser für die Beweglichkeit. Auch für die kognitiven Fähigkeiten wie Planungsvermögen, Merkfähigkeit und Problemlösung ist eine Beteiligung an alltäglichen Aufgaben vorteilhaft. Und auch die psychische Gesundheit wird durch Teilhabe verbessert.

Außerdem erfahren Sie als Angehörige*r eine Entlastung, wenn die*der Parkinson-Erkrankte eigene Aufgaben im Haushalt übernimmt. Kommunizieren Sie am besten klar, dass Sie eine Mithilfe erwarten/sich wünschen. Es gibt viele Tätigkeiten im Haushalt, die mit ein wenig Anpassung gut von Menschen mit eingeschränkter Beweglichkeit und/oder Gleichgewichtsproblemen durchgeführt werden können.

Beispiele aus meiner Praxis

Herr Z. übernimmt das Wäschefalten

» *Frau Z. hat einen Tisch im Wohnzimmer freigeräumt, damit ihr Mann in seiner eigenen Zeit die Wäsche falten kann. Der Wäschekorb wird links auf einen Stuhl gestellt, ein leerer Korb kommt rechts auf einen Stuhl. Die Tischfläche dient als Faltfläche. Meistens führt er die Tätigkeit im Stehen durch, an schlechteren Tagen wird einfach ein Stuhl zum Sitzen herangezogen. Es gibt auch Tage, an denen er aufgrund von Schlafproblemen starke Tagesmüdigkeit hat. An diesen Tagen sortiert und faltet er die Socken zusammen.*

Auch im Rollstuhl kann man sich um die Pflege der Pflanzen im Haus kümmern

» *Frau P. sitzt im Rollstuhl. Eine ihrer festen Aufgaben ist es, die Pflanzen im Haus zu pflegen. Sie füllt selbstständig eine kleine Gießkanne, die sie gut neben sich im Rollstuhl platzieren kann, um das Wasser zur jeweiligen Pflanze zu transportieren. Sie fühlt die Erde mit den Fingern, um zu prüfen, wie trocken sie ist, dann gießt sie die Pflanze entsprechend. Auch das Düngen und das Entfernen abgestorbener Blätter übernimmt sie gern.*

Ein Servierwagen ermöglicht Herrn L. das selbstständige Tischdecken

» *Herr L. saß früher immer passiv am Esstisch, während seine Frau kochte und den Mittagstisch deckte. Das Tragen des Geschirrs wäre zu gefährlich gewesen. Da schaffte die Tochter einen Servierwagen an. Seitdem belädt Frau L. den Servierwagen mit Geschirr und Besteck. Herrn L. ist so ist das Tischdecken wieder ohne Sicherheitsbedenken möglich. Herr L. trägt mit seiner Tätigkeit zur Haushaltsführung bei und Frau L. ist entlastet.*

Mit etwas Planung kann Frau T. ihrer Kochleidenschaft wieder nachgehen

» *Kochen war immer die Aufgabe von Frau T., die sie mit Hingabe erledigte. Es hat ihr immer Freude bereitet, Lebensmittel zu verarbeiten, sich geschmackvolle Gerichte auszudenken und der Familie und Freunden zu servieren. Durch die Zunahme von körperlichen und mentalen Symptomen ist es im letzten Jahr kaum noch möglich und ihr Partner hat diese Aufgabe übernommen.*

Mit der Ergotherapeutin zusammen erarbeitet sie, zweimal die Woche ein Gericht zuzubereiten. Dafür haben sie besprochen, dass sie das Gemüse nicht mehr stehend auf der Arbeitsplatte, sondern am Küchentisch sitzend schneidet. Außerdem plant sie mit der Therapeutin oder ihrem Partner die Woche davor, welche Gerichte sie kochen wird und welche Lebensmittel dafür eingekauft werden müssen. «

Arztbesuche

Regelmäßige Termine bei dem*der Neurolog*in sind unbedingt wahrzunehmen. Dabei sind Angehörige nicht nur Begleitperson, sondern können auch die Außenansicht vermitteln.

Bei einer fortschreitenden Erkrankung, wie Parkinson, mit zahlreichen Veränderungen der Bewegungsfähigkeit, der Psyche und der geistigen Fähigkeiten sollte die Facharztperson immer auf dem Laufenden gehalten werden. So kann er oder sie die*den Betroffenen bestmöglich unterstützen. Außerdem können Veränderungen frühzeitig erkannt werden.

Vor dem Termin

Blick schulen: Lernen Sie, möglichst objektiv zu beobachten. Veränderungen bei der erkrankten Person beginnen oft schleichend und fallen zunächst kaum auf. Da sich auch die Eigenwahrnehmung von Betroffenen verändert, bemerken Angehörige eine Verschlechterung von Symptomen oder ungewohntes Verhalten oft, bevor die Betroffenen es selbst bemerken. Beobachten Sie auch Kleinigkeiten und Dinge, die Sie nicht unbedingt in direkten Zusammenhang mit Parkinson bringen würden. Denn manchmal sind es genau diese Dinge, die später beim Arztgespräch wichtig sind.

Kommunizieren: Sprechen Sie mit der*dem Erkrankten darüber. Und holen Sie sein*ihr Einverständnis ein, um es zu dokumentieren und dem*der Ärzt*in mitzuteilen. Dies fördert das Vertrauen zwischen Ihnen und der betroffenen Person. Außerdem zeigen Sie so Respekt vor ihm oder ihr. Eine Kommunikation auf Augenhöhe stärkt den Zusammenhalt. Sollte die betroffene Person es nicht wünschen, dass Sie bei der Dokumentation der Symptome mithelfen, rate ich, es zu beherzigen, auch wenn es schwerfällt.

Gefährliches/problematische Auffälligkeiten: Die Parkinson-Erkrankung kann leider einige Veränderungen mit sich bringen, die gefährlich sein können oder zum Problem werden können. Dazu zählen z. B. Sturzgefährdung, Suizidgefährdung, Aggressionen, plötzliches Einschlafen, impulsives Verhalten und Süchte (z. B. Spielsucht, Sexsucht, Kaufsucht). Wenn Sie sich ernste Sorgen um die betroffene Person, sich selbst oder Personen im Umfeld machen, sollten Sie dies, auch ohne sein*ihr Einverständnis, mit dem*der Ärzt*in teilen. Auch wenn es unangenehm sein kann, darüber zu sprechen und evtl. zu einem Konflikt mit Ihrem*r Angehörigen führt, helfen Sie ihm*ihr damit, wenn Sie Ihre Beobachtungen weitergeben.

Dokumentation: Schreiben Sie Veränderungen und Auffälligkeiten auf, damit Sie beim Arzttermin an alles denken.

Dokumentation

Sie können als Gedankenstütze die Vorlage (Seite 129) kopieren und ausfüllen. Folgende Punkte könnten Sie z. B. eintragen:

Aktuelles: Welche Themen gibt es zurzeit? Das können auch Dinge sein, die nicht direkt mit der Krankheit zu tun haben: z. B. Umzug, Trennung, Veränderung im Beruf.

Veränderungen: Überlegen Sie mit der betroffenen Person zusammen: Was hat sich seit dem letzten Arztbesuch verändert? Haben sich Symptome verschlechtert, verbessert, verändert? Sind neue Symptome hinzugekommen? Denken Sie bei Symptomen an alles: Bewegung (z. B. Tremor, Stürze, Steifigkeit), psychische Auffälligkeiten (z. B. Niedergeschlagenheit, Antriebsarmut, aufbrausendes Verhalten), geistige Fähigkeiten (z. B. Konzentration, Merkfähigkeit, Wortfindung), vegetative Symptome (z. B. Schwitzen, sexuelle Auffälligkeiten, Inkontinenz) und Schmerz/sensorische Veränderungen (z. B. Restless Legs, Rückenschmerzen, Kribbeln).

Schwierigkeiten im Alltag: Machen Sie sich konkret Gedanken, welche Alltagsaktivitäten nur noch eingeschränkt oder nicht mehr funktionieren. Was würde die*der Betroffene gern machen, was nicht mehr (gut) möglich ist. Diese Frage ist sehr wichtig. Denn manchmal gibt es scheinbar kleine, unwichtige Symptome, die jedoch auf den Alltag und die Lebensqualität eine große Auswirkung haben.

Medikamente/Tagesverlauf: Wie ist normalerweise die Medikamenteneinnahme über den Tag verteilt und wann treten welche Symptome auf? Machen Sie genaue Notizen zu den Uhrzeiten und auftretenden Symptomen oder Schwierigkeiten! Manchmal kann ein Zusammenhang zwischen Einnahmezeit der Medikamente und auftretenden Symptomen entdeckt werden. Wie geht es

Arztgespräch **Datum:** ____________________

Aktuelles:	Schwierigkeiten im Alltag:	Therapie/Reha/Hilfsmittel/ andere Fachärzte:
Veränderungen:	Medikamenteneinnahme/ Tagesverlauf:	Unsere Fragen:

Notizen während des Arzttermins:

Vorlage zur Dokumentation, um sich auf das Arztgespräch vorzubereiten.

der betroffenen Person morgens, gleich nach dem Aufstehen? Wie ist es im Verlauf des Tages? Gibt es vor dem Schlafengehen oder nachts andere Einschränkungen? Wie gut klappt die pünktliche Medikamenteneinnahme?

Therapie/Reha/Hilfsmittel/andere Fachärzte: Gibt es Fragen oder Wünsche bezüglich der aktivierenden Therapien (Physiotherapie, Logopädie, Ergotherapie), psychologischer Unterstützung, anderer Fachärzte (z. B. Urolog*in, Orthopäd*in, Gastroenterolog*in) Rehabilitation, Hilfsmittel? Der*die Ärzt*in kann Sie darüber beraten und notwendige Rezepte, Überweisungen und Empfehlungen ausstellen.

Unsere Fragen: Machen Sie am besten eine Liste mit allen Fragen und Unsicherheiten, die Sie und der*die Erkrankte haben. Unterstreichen Sie die wichtigsten drei Fragen. Meine Klient*innen erzählen mir häufig, dass sie während des Arzttermins etwas nervös sind und die wichtigsten Dinge vergessen anzusprechen, weil es so viel zu besprechen gibt. Stellen Sie unbedingt sicher, dass die wichtigsten Dinge klar auf Ihrem Notizzettel ins Auge stechen!

Während und nach dem Arzttermin

Versuchen Sie während des Arztgesprächs die Fragen genau und kurz zu beantworten. Lassen Sie die betroffene Person seine*ihre Sichtweise darstellen. Sprechen Sie nicht in der dritten Person über den*die Erkrankten, sondern sprechen Sie zu ihr oder ihm: z. B. »Du hattest ja in letzter Zeit immer wieder Schwierigkeiten mit dem Einschlafen.« Oder: »Ist es o.k., wenn ich den Sturz letzte Woche aus meiner Sicht schildere?«

Halten Sie den ausgefüllten Notizzettel in der Hand und achten Sie darauf, die unterstrichenen Punkte unbedingt anzusprechen. Notieren Sie sich stichpunktartig die wichtigsten Aussagen des Arztes bzw. der Ärztin.

Nach dem Arzttermin geht man häufig einfach wieder zum Tagesgeschehen über. Es lohnt sich jedoch, sich nochmal gemeinsam hinzusetzen und den Termin zu besprechen. Vielleicht hat die erkrankte Person etwas anders verstanden als Sie. Vielleicht geht Ihnen noch etwas durch den Kopf. Oder es gibt etwas, was Sie weiterverfolgen sollen (z. B. weiterer Facharzttermin).

Ich empfehle meinen Klient*innen immer, bei ihrem*r Neurolog*in zu bleiben, dem*der sie vertrauen. Ein häufiger Wechsel bringt Unruhe hinein und ein*e neue*r Ärzt*in kennt Sie und Ihre Geschichte nicht. Wenn Sie sich jedoch nicht gut aufgehoben und verstanden fühlen, ist ein Wechsel oder das Einholen einer Zweitmeinung empfehlenswert.

Tagesstruktur

Es lohnt sich, die Tagesstruktur anzusehen, wenn man mit einem Menschen mit Parkinson zusammenlebt oder den Alltag gemeinsam meistert.

Denn das Leben mit Parkinson wirkt sich automatisch auf den Tages- und Wochenablauf aus. Es gibt einige Aspekte, die betrachtet und bei Bedarf angepasst werden können.

Zeitplanung

Füllen Sie den Wochenplan (Seite 133) detailliert aus. Tragen Sie alle Aktivitäten ein (z. B. Duschen, Anziehen, Frühstücken, Aufräumen, fertig machen, Anfahrt, Physiotherapie, Rückfahrt, Pause). Allein mit dieser Aufgabe beschäftigen Sie sich bewusst mit Ihrer Zeitplanung. Vielleicht fällt Ihnen auf, wo die Aufgaben und Termine sich häufen und wo noch Kapazitäten sind. Sehen Sie sich den Plan mit der*dem Betroffenen an und besprechen Sie, ob er oder sie zufrieden ist oder gern etwas verändern möchte. Schreiben Sie den Wochenablauf wirklich genau auf! Die Visualisierung hat schon einigen Menschen Aha-Effekte gebracht.

Pausen

Besonders in den frühen Phasen der Parkinson-Krankheit fällt es Betroffenen häufig schwer, Pausen zu machen. Auch für Jungerkrankte ist dies ein großes Thema. Sie sind es gewohnt, aktiv zu sein und Dinge in einem bestimmten Tempo zu erledigen. Arbeit, Haushalt, Kinder, Freizeitaktivitäten, Sport, Termine, Finanzen, Sozialleben … die Tage sind gefüllt. Wenn Körper, Geist und Psyche nicht mehr so mitmachen wie früher, führt das zu Ärger und Selbstvorwürfen. Wenn Sie als Angehörige*r eine solche Dynamik beobachten, können Sie es der*-dem Erkrankten in einem ruhigen Moment spiegeln. Reflektieren Sie auch mal für sich selbst: Gestehen Sie ihm oder ihr Pausen zu? Zweifeln Sie manchmal an, ob er oder sie wirklich eine Pause braucht? Unterstützen Sie die betroffene Person dabei, weniger zu tun und mehr Zeit für Ausruhen, Erholung und Schlaf einzuplanen? Das ist oft eine schwierige Umstellung und auch ein Balanceakt.

Erschöpfungssyndrom (Fatigue)

Wenn der oder die Betroffene ein Erschöpfungssyndrom (Fatigue) hat, kann der Tages-/Wochenplan helfen zu reflektieren, zu welcher Tageszeit und nach welchen Aktivitäten die Fatigue einsetzt. Anschließend können Prioritäten gesetzt und wichtige Aktivitäten zu Zeitpunkten geplant werden, zu denen die Energiereserve hoch ist. Durch die Reflexion lernt die Erkrankte, mit der Fatigue umzugehen, und die Lebensqualität wird gesteigert. Außerdem hilft es, für sich selbst herauszufinden, welche Betätigungen Energie geben und welche Energie verbrauchen. An Tagen mit starker Fatigue kann entsprechend eine Tätigkeit gewählt werden, die Energie schenkt.

Ausmisten

Bei der Erstellung eines Tagesplans tauchen oft auch Tätigkeiten auf, die gewohnheitsmäßig von der betroffenen Person durchgeführt werden. Bei näherem Hinsehen sind sie jedoch nicht mehr adäquat. So hatte ich eine Klientin, die ständig unter Zeitdruck stand, weil alles langsamer war als früher. Im Gespräch stellte sich heraus, dass die Gartenarbeit ihr keine Freude bereitet und es ihr auch nicht wichtig ist, einen gepflegten Garten zu haben. Sie hat es nur noch aus Gewohnheit gemacht. Das war das Erste, was sie aus dem Plan strich.

Ergotherapeut*innen sind besonders gut darin, die Strukturierung des Alltags zu optimieren und den Inhalt mit Ihnen gemeinsam zu reflektieren.[10] Fragen Sie den*die Ärzt*in nach einem Ergotherapierezept.

Antrieb

Viele Parkinson-Erkrankte haben einen geminderten Antrieb. Sie sitzen viel zu Hause. Erarbeiten Sie daher gemeinsam einen Tagesrhythmus, der für beide funktioniert. Achten Sie auf eine ausgewogene Aktivität und genügend Pausenzeiten. Im Ideengenerator erhalten Sie Tipps und Anregungen für gemeinsame Aktivitäten; vielleicht inspirieren diese Ihre*n Angehörige*n, wieder aktiver zu sein.

	Montag	Dienstag	Mittwoch	Donnerstag	Freitag	Samstag	Sonntag
06:00							
07:00							
08:00							
09:00							
10:00							
11:00							
12:00							
13:00							
14:00							
15:00							
16:00							
17:00							
18:00							
19:00							
20:00							
21:00							
22:00							
23:00							

Die genaue Erfassung aller Aktivitäten im Laufe der Woche zeigt Ihnen, wo die Taktung möglicherweise zu eng ist und wo Sie noch Zeitpuffer haben.

Ideengenerator

Hier finden Sie eine Zusammenstellung von Ideen für Aktivitäten und Ausflüge. Diese soll als Anregung dienen, wenn Sie und die Person mit Parkinson etwas unternehmen möchten und nicht wissen, was.

Gehen Sie die Liste zusammen durch und lassen Sie sich inspirieren. Markieren Sie gern die Tätigkeiten, die für die Zukunft mal interessant wären, und ergänzen Sie sie um Ihre eigenen Ideen.

Ausflüge

- **Baumwipfelpfad:** Dieses Naturerlebnis in großer Höhe ist aufregend und barrierefrei.
- **Planetarium:** Den Kosmos im Sitzen erleben.
- **Zoo/Streichelzoo:** Tiere beobachten und füttern ist immer wieder faszinierend.
- **Neues im Alten entdecken:** Laufen Sie Ihre gewohnte Runde. Machen Sie dabei 10 Fotos von Dingen, die Sie dort noch nie entdeckt haben.
- **Naturfreundehaus:** ist häufig barrierefrei und hat verschiedenartige Angebote.
- **Regionale Angebote:** Erkundigen Sie sich, welche Angebote es in Ihrer Umgebung gibt: z. B. Volkshochschule, Singkreis, Walkinggruppe, Sportvereine, Sprachschule, Angebote der Kirche, Begegnungsstätte, Selbsthilfegruppen, Wanderverein, Kochkurs.
- **Naturmaterialien sammeln:** Sammeln Sie Herbstblätter, Blumen oder getrocknete Gräser, um den Esstisch zu dekorieren.
- **Museum:** Welches Museum, welche Ausstellung haben Sie noch nicht oder längere Zeit nicht besucht?
- **Bootsfahrt:** Lassen Sie sich auf einer Bootstour den Wind ins Gesicht wehen oder werden Sie selbst aktiv mit einem Ruder- oder Tretboot.
- **Ehrenamt:** Ehrenamtliche Tätigkeiten sind sinnstiftend und machen Spaß. Sehen Sie sich nach ehrenamtlichen Aufgaben bei der Stadt, beim Sportverein oder bei kirchlichen Organisationen um (z. B. Naturschutz, Hausaufgaben-Unterstützung, Hunde aus dem Tierheim ausführen, Besuchsdienst im Krankenhaus).

- **Wochenend-Trip:** Fahren Sie übers Wochenende weg. Es muss nicht weit weg sein. Neue Eindrücke und Erlebnisse erfrischen den Alltag.
- **Botanischer Garten:** Lassen Sie sich im botanischen Garten von ausgefallenen Pflanzen verzaubern.
- **Probestunde:** Machen Sie zusammen eine Probestunde im Fitnessclub oder einer Sportgruppe. Vielleicht finden Sie sogar ein neues Hobby.
- **Stadttour:** Machen Sie in Ihrer eigenen Stadt eine geführte Tour. Sie werden erstaunt sein, wie viel Neues Sie erfahren.
- **Minigolf:** Minigolf macht Spaß und man kann es in seiner eigenen Zeit spielen und mit Pausen. Für Regentage gibt es Indoor-Schwarzlicht-Minigolf.
- **Bücherei:** Stöbern Sie in Ihrer Bücherei nach interessanten Schmökern.
- **Schnitzeljagd:** Eine*r malt mit Kreide Pfeile auf den Boden. Nach 10 Minuten kommt der oder die andere nach und lässt sich von den Pfeilen an einen Ort leiten.
- **Tischtennis:** Gehen Sie zur nächsten öffentlichen Tischtennisplatte und spielen ein paar Runden zusammen.
- **Picknick:** Packen Sie Sandwiches, Käsesticks, Erdbeeren und Limonade ein und machen Sie es sich auf einer Wiese oder Bank gemütlich.
- **Gemeinsames Engagement:** Bringen Sie Ihre Ideen in der Lokalpolitik ein und nehmen Sie an Infoveranstaltungen zu Veränderungen in Ihrem Wohnviertel teil.

Zu Hause

- **Filmabend**: Schauen Sie alte Klassiker oder die neueste Serie; Sie finden bestimmt etwas, das Ihnen beiden gefällt.
- **Karten schreiben:** Schreiben Sie gemeinsam Karten für die kommenden Geburtstage. Oder schreiben Sie jemandem, der oder die sich über eine Nachricht freut.
- **Stadt-Land-Fluss spielen:** Der Spiele-Klassiker kann noch um andere Kategorien erweitert werden (z. B. Lebensmittel, etwas Rotes, Beruf, etwas Modernes).
- **Fotos ansehen:** Sehen Sie sich alte Fotoalben an und lassen Sie die Erinnerungen wiederaufleben.
- **Fotos sortieren:** Gehen Sie digitale Fotos vom letzten Urlaub oder einem Fest zusammen durch und entscheiden Sie, welche ausgedruckt oder als Fotobuch zusammengestellt werden sollen.
- **Fotos machen:** Machen Sie lustige oder schöne Fotos voneinander oder zusammen mit der Selbstauslöser-Funktion des Smartphones. Fotografieren Sie Ihr Haustier, den Garten oder Ihre Umgebung.
- **Massage:** Geben Sie sich gegenseitig eine Hand, Schulter- oder Rückenmassage. Massageöl bekommen Sie im Drogeriemarkt.
- **Smoothie:** Bereiten Sie einen Smoothie oder Milchschake zu. Milch oder Haferdrink und Obst (z. B. Beeren, Banane, Honigmelone) in den Mixer – fertig.

- **Buch ansehen**: Nehmen Sie ein Buch aus dem Bücherregal, das Sie schon lange nicht mehr in der Hand hatten, z. B. Bildband, Gartenbuch, Reisebuch, Buch über Ereignisse in der Geschichte, und lesen Sie sich gegenseitig Abschnitte vor.
- **Hörbuch:** Laden Sie ein Hörbuch auf Ihr Smartphone oder kaufen Sie eins als CD. Tauchen Sie gemeinsam in die Geschichte ein.
- **Witze:** Lesen Sie sich gegenseitig Witze vor, aus einem Buch oder suchen Sie welche online.
- **Neue Rezepte:** Probieren Sie neue Rezepte aus.
- **Spieleabend:** Spielen Sie ein Kartenspiel, Rummy, Memory, Mensch-ärger-dich-nicht oder Jenga.
- **Geschichte schreiben:** Schreiben Sie zusammen eine Gute-Nacht Geschichte für ein befreundetes Kind oder die Kinder in der Familie.
- **Kreativität:** Basteln Sie etwas Passendes zur Jahreszeit oder für den nächsten Feiertag, z. B. Schneeflocken aus Papier, Ostereier, Adventskranz, Fensterdekoration, Kerze bekleben.
- **Nachbarn einladen:** Laden Sie die Nachbarn zum Kaffeetrinken ein.
- **Meditieren:** Probieren Sie zusammen eine Meditation aus. Auf Youtube findet man eine große Auswahl an schönen Meditationen.
- **Essen bestellen:** Lassen Sie sich das Abendessen bringen, probieren Sie vielleicht einmal etwas Neues aus.
- **Pantomime spielen:** Einer zeigt ein Wort ohne Geräusche und ohne zu sprechen. Der oder die andere errät es.
- **Malen:** Holen Sie Farbstifte, Farbkasten oder auch Bleistifte heraus und malen Sie ein Gemeinschaftsbild, oder jeder für sich. Ohne Ziel, einfach losmalen.
- **Schokofondue:** Diese süße Verwöhnung ist ein schönes Gemeinschaftserlebnis.
- **Musik hören:** Legen Sie alte Musik auf und lassen Sie Erinnerungen aufkommen.

Für Kinder und entferntere Angehörige

Nun werden zuerst die Kinder angesprochen, die einen Angehörigen mit Parkinson haben, dann entferntere Angehörige. Sie bekommen Tipps, wie auch sie eine Unterstützung sein können.

Mit Kindern über Parkinson sprechen

Der folgende Exkurs ist für Kinder und Jugendliche geschrieben. Denn für Kinder ist die Parkinson-Krankheit oft schwer zu verstehen und sie haben viele Fragen. Gleichzeitig kann es Angst machen, wenn eine erwachsene Person plötzlich verändert ist.

Kinder (wie Erwachsene) gehen sehr unterschiedlich mit schwierigen Situationen um. Manche ziehen sich zurück und machen sich viele Gedanken, manche stellen 100 Fragen und andere scheint es nicht groß zu beschäftigen. Diese Seiten können eine Möglichkeit sein, mit dem Kind ins Gespräch zu kommen und erste Informationen über die Erkrankung zu geben. Es ist ein kurzes Kapitel ohne viele Details. Es sollte vermieden werden, dass das Kind im Internet nach Informationen sucht. Ermuntern Sie es stattdessen dazu, Ihnen oder der betroffenen Person Fragen zu stellen. So wissen Sie, was ihn oder sie beschäftigt. Bestenfalls entsteht ein offenes Gespräch.

Lesen Sie den folgenden Exkurs gern gemeinsam mit einem Kind/Jugendlichen, das oder der der betroffenen Person nahesteht, oder lassen Sie es oder ihn diese Seiten selbst lesen.

Hallo liebe Kinder und Jugendliche,

ihr lest dieses Kapitel, weil jemand in eurer Familie Parkinson hat. Dieses Buch ist dafür da, Familien Tipps zu geben, wie sie damit umgehen können, wenn jemand an Parkinson erkrankt.

Was ist Parkinson?

Man weiß nicht genau, wo Parkinson herkommt. Es ist eine Gehirnkrankheit. Und weil unser Gehirn unseren ganzen Körper steuert, ist auch der ganze Körper betroffen.

Es kann schwer sein, den Parkinson zu verstehen, denn die Symptome sind bei jeder Person etwas anders. Menschen mit Parkinson bewegen sich im Laufe der Zeit immer langsamer und die Bewegung fällt immer schwerer. Auch das Gesicht wird starr, sie lächeln weniger. Das heißt nicht, dass die Person sich nicht mehr freut. Man kann es nur nicht mehr so gut sehen.

Bei vielen sieht man ein Zittern. Es verändern sich auch andere Dinge, die von außen nicht sichtbar sind. Bei manchen Menschen verändert sich die Stimmung. Sie haben z. B. weniger Geduld oder werden schnell ärgerlich. Viele haben weniger Energie als früher. Sie unternehmen weniger und brauchen mehr Pausen.

Reden

Eins der wichtigsten Dinge ist, über alles zu sprechen, das einen beschäftigt. Manchmal wissen die Erwachsenen auch nicht genau, was sie sagen sollen. Wahrscheinlich wollen sie nicht, dass du dir Sorgen machst.

Wenn du Fragen hast, dann stelle sie einer Person, der du vertraust. Das kann der Mensch mit Parkinson sein oder jemand anderes, der oder die dir nahesteht. Wenn du traurig bist oder dir Sorgen machst, ist das ganz normal. Schließlich ist jemand in deiner Familie krank. Rede mit jemandem über deine Sorgen. Vielen Menschen hilft es auch, Tagebuch zu schreiben. Dort kannst du die schwierigen, aber auch die schönen Dinge aufschreiben.

Helfen

Als Kind ist es nicht deine Aufgabe, Erwachsenen-Tätigkeiten zu übernehmen.

Wahrscheinlich gibt es jedoch Dinge, die die betroffene Person nicht mehr so gut selbst tun kann, die dir aber leichtfallen. Das können z. B. feine Bewegungen sein, wie Knöpfe schließen, Tätigkeiten, bei denen eine gute Balance benötigt wird, wie eine Glasschüssel aus dem obersten Fach zu holen, oder die Person mit Parkinson möchte sich auf der Straße bei dir einhaken, um sicherer zu laufen.

Biete deine Hilfe an, wenn du unsicher bist, ob er oder sie deine Unterstützung braucht. Und achte dabei immer auf dich selbst. Tu nie etwas, was für dich als Kind noch zu schwer ist oder was dir unangenehm ist. Es ist immer o.k., Nein zu sagen.

Aktiv sein

Für Menschen mit Parkinson ist es besonders wichtig, aktiv zu sein. Da Kinder ja oft viel Energie haben, habe ich die Erfahrung gemacht, dass es für Betroffene sehr motivierend ist, mit Kindern etwas gemeinsam zu tun.

Überlege gemeinsam mit deiner Familie, was dir Spaß macht und der erkrankten Person auch Freude machen könnte. Schaue gern auch in den »Ideengenerator« (Seite 134). Vielleicht findet ihr dort etwas, was ihr gemeinsam machen könnt.

Wenn die betroffene Person zur Ergotherapie geht, könntest du fragen, ob du einmal mitgehen kannst. Die Ergotherapeutin, der Ergotherapeut hat bestimmt ein paar Ideen für Aktivitäten, die gemeinsam möglich sind.

Hilfe für dich

Eine schwere Krankheit ist immer auch für die ganze Familie belastend. Deshalb braucht nicht nur der Mensch mit Parkinson Hilfe von außen, sondern auch die anderen Familienangehörigen. Du hast ja schon eine Hilfe angenommen, indem du diese Seiten liest. Das ist toll, denn dein Wohlbefinden ist wichtig.

Hier ein paar Vorschläge, wo du noch Unterstützung bekommen kannst. Suche dir einfach aus, was sich für dich am besten anfühlt:

- deine Geschwister, Eltern, Onkel, Tanten und andere Familienmitglieder
- ein Freund, eine Freundin
- eine Lehrerin, ein Lehrer
- ein Psychologe oder eine Psychologin helfen einem, wenn man sich viele Sorgen macht oder oft traurig ist
- Website: Vermeide es, im Internet zu suchen, denn oft findet man dort Sachen, die einem nicht weiterhelfen oder sogar unwahr sind. Am Ende des Buches findest du eine Website, die speziell für Kinder gemacht ist.

Für entferntere Angehörige

Weiter entfernte Angehörige leben oft nicht in der unmittelbaren Nähe und/ oder haben keine enge emotionale Bindung und/oder nicht die Möglichkeit, viel Verantwortung zu übernehmen. Natürlich ist es keine strenge Einteilung, Rollen verändern sich und es gibt einen fließenden Übergang. Vielleicht zählen Sie sich eher zu den entfernteren Angehörigen. Sie kommen eventuell gelegentlich zu Besuch oder rufen hin und wieder an oder treffen sich hauptsächlich auf Familienfesten.

Dieses Buch ist sicherlich für enge Angehörige am hilfreichsten. Doch blättern Sie gern durch verschiedene Kapitel, um gezielte Anregungen zu erhalten: z. B. wie man mit Parkinson-Erkrankten kommuniziert (Seite 61), was man beachten sollte, wenn man in der Öffentlichkeit unterwegs ist (Seite 116), und welche Ideen für Ausflüge es gibt (Seite 134).

In meiner Arbeit als Ergotherapeutin erlebe ich, dass entferntere Angehörige oft unterstützen möchten, sie wissen jedoch nicht, wie sie das tun können, weil sie die Schwierigkeiten und Möglichkeiten nicht überblicken können. Das kann zu einer Verunsicherung führen, was wiederum dazu führt, dass man vielleicht nichts tut. Geht Ihnen das manchmal auch so?

Soziale Unterstützung bieten

Soziale Unterstützung wird in vier Arten der Unterstützung unterteilt: die emotionale, instrumentale, informative und Bewertungsunterstützung.

Emotionale Unterstützung geben

Die emotionale Unterstützung stellt eine nicht bewertende Zuwendung dar. Hier einige Ideen, wie Sie emotional unterstützen können.

Regelmäßiger Kontakt: Melden Sie sich regelmäßig bei der betroffenen Person und den nächsten Angehörigen. Warten Sie nicht, bis sie sich melden, und verzagen Sie nicht, wenn Sie manchmal keine Antwort erhalten. Menschen mit Parkinson und die direkten Angehörigen haben viele Gründe, weshalb es ihnen schwerfällt, in Kontakt zu bleiben: z. B. Niedergeschlagenheit, weniger Energie, Scham, sich mit Symptomen zu zeigen, wenig Zeit.

Zuhören: Den meisten Menschen tut es sehr gut, wenn sie jemanden zum Reden haben. Dabei brauchen sie vor allem ein offenes Ohr. Hören Sie zu! Ohne zu bewerten oder Ratschläge zu geben.

Nachfragen: Fragen Sie die*den Parkinson-Erkrankten, wie es ihm oder ihr geht. Und fragen Sie auch die direkten Angehörigen, die die tägliche Begleitung und Pflege übernehmen. Diese Menschen leisten so viel und werden oftmals übersehen.

Einladen: Immer wieder berichten Erkrankte, dass sie nach der Diagnose immer weniger eingeladen wurden. Natürlich ist oft Flexibilität gefragt, wenn man sich mit einem erkrankten Menschen trifft. Eventuell muss die lange Wanderung gekürzt werden, beim Essen wird mehr gekleckert oder er oder sie wird plötzlich müde. Versuchen Sie sich in diese Person hineinzuversetzen. Sie hat sich diese Einschränkungen nicht ausgesucht und würde am liebsten wie früher dabei sein. Ermöglichen Sie es ihr oder ihm, indem Sie offen für eine angepasste Version früherer Treffen sind.

Da sein: Wenn die betroffene Person einen wichtigen Termin hat – schreiben Sie eine Nachricht, wie er gelaufen ist. Wenn die Partner*in des*der Betroffenen erschöpft ist und weint – setzen Sie sich zu ihr*ihm. Wenn der*die Erkrankte zum dritten Mal absagt – zeigen Sie Verständnis.

Instrumental unterstützen: praktisch helfen

Die instrumentale Unterstützung ist die Hilfe auf praktischer Ebene. Auch dazu will ich Ihnen hier einige Anregungen geben.

Hilfe anbieten: Viele Parkinson-Erkrankte scheuen sich davor, um Hilfe zu bitten, und auch den direkten Angehörigen fällt dies häufig schwer. Bieten Sie konkrete Hilfe an, z. B.: »Ich hätte Lust, euch mit einem Essen in der Woche zu unterstützen. Ich könnte euch z. B. immer samstags ein Mittagessen vorbeibringen. Oder würde euch etwas anderes mehr helfen?«

Ideen für Hilfen:

- im Haushalt helfen
- Reparaturen erledigen
- Gartenarbeit machen
- Einkäufe übernehmen
- Hilfe mit dem PC/Internet geben
- zu Aktivitäten begleiten
- bei Arztterminen mitkommen
- einen Fahrdienst übernehmen

Finanzielle Unterstützung: Manchmal ist es aufgrund räumlicher Distanz schwierig, praktische Unterstützung anzubieten. In diesem Fall kann eine finanzielle Unterstützung eine Alternative sein. Denn Extra-Hilfen sind oft kostenintensiv (z. B. Haushaltshilfe, Hilfsmittel).

Materielle Unterstützung: Wenn die betroffene Person kein Geld annehmen möchte, können Sie herausfinden, ob es etwas gibt, das den Alltag erleichtern oder bereichern würde, das sich die Person jedoch nicht leisten kann. Das kann ein Hilfsmittel, ein Möbelstück oder eine behindertengerechte Reise sein.

Informativ unterstützen

Die informative Unterstützung besteht aus der Vermittlung von Informationen oder Ratschlägen. Einerseits können Sie beim Recherchieren helfen, anderseits von eigenen Erfahrungen berichten.

Recherche: Oft sind Betroffene und die direkten Angehörigen nach der Diagnosestellung überfordert. Auch später kommt es immer mal wieder dazu, dass einem alles über den Kopf wächst. Da kann es sehr hilfreich sein, wenn jemand von außen unterstützt. Bieten Sie an, bei der Recherche und der Informationssuche zu helfen. Es wird ein*e gute*r Neurolog*in gesucht? Es tritt ein unbekanntes Symptom auf? Wie wird eine Reha beantragt? Helfen Sie, Informationen zu sammeln und zu verarbeiten.

Eigene Erfahrungen: Vielleicht haben Sie eine Expertise oder eigene Erfahrungen mit einer ähnlichen Situation. Fragen Sie, ob Sie unterstützen können oder ob Ihr Rat weiterhelfen könnte.

Bewertungsunterstützung

Die Bewertungsunterstützung stellt eine Übereinstimmung in Meinungen und Wertvorstellungen dar. So wirkt auch eine ähnliche Einstellung unterstützend.

Verständnis zeigen: Zeigen Sie Empathie für die andere Person und Akzeptanz für ihre oder seine Handlungen. Wenn wir das bekommen, fühlen wir uns ohne große Worte oder Gesten gesehen und gestärkt.

Hilfe bei Entscheidungsfindung: Immer wieder im Verlauf einer Parkinson-Erkrankung müssen schwierige Entscheidungen getroffen werden: stationäre oder ambulante Reha? Soll eine spezielle Behandlungsform, wie die tiefe Hirnstimulation, durchgeführt werden? Umzug oder Umbau? Zu Hause bleiben oder Heim? Für solche Entscheidungsfindung kann es sehr hilfreich sein, mit jemandem zu sprechen, der ähnliche Wertvorstellungen hat wie man selbst. Vielleicht sind Sie diese Person.

Reflexion: Wie wollen/ können Sie helfen?

Seien Sie sich bewusst, dass Hilfe und Unterstützung nicht immer gleich aussehen. Oftmals sind es sogar die kleinen Dinge, die Menschen besonders berühren und ihnen Kraft geben.

Überlegen Sie für sich:

- In welchem Verhältnis stehe ich zu dem Menschen mit Parkinson?
- Wo liegen meine persönlichen Stärken?
- Welche Ressourcen habe ich?
- Was möchte ich gern beitragen?

Service

Quellenangaben

1 Hayes SC et al. Acceptance and commitment therapy: model, processes and outcomes. Behav Res Ther 2006; 44: 1–25

2 Schrag A et al. Caregiver-burden in parkinson's disease is closely associated with psychiatric symptoms, falls, and disability. Parkinsonism Relat Disord. 2006 12: 35–41

3 Smith ER et al. Parkinson's Symptoms and Caregiver Burden and Mental Health: A Cross-Cultural Mediational Model. Behav Neurol 2019: 1396572

4 McCabe MP, Roberts C, Firth L. Work and recreational changes among people with neurological illness and their caregivers. Disabil Rehabil 2008; 30: 600–10

5 Felce D, Perry J. Quality of life: its definition and measurement. Res Dev Disabil 1995; 16: 51–74

6 Klietz M et al. Mindfulness and Psychological Flexibility are Inversely Associated with Caregiver Burden in Parkinson's Disease. Brain Sci 2020; 10: 111

7 Grossman P et al. Mindfulness-based stress reduction (MBSR) and health benefits: A meta-analysis. J Psychosom Res 2004; 57: 35–43

8 Ahlskog JE. Aerobic Exercise: Evidence for a Direct Brain Effect to Slow Parkinson Disease Progression. Mayo Clinic Proceedings 2018; 93: 360–372

9 Fischer AG, Marteralla A (2019), Powerful practice. A Model für Authentic Occupational Therapy. Colorado, USA: CIOTS Center for innovative of Solutions; 2019

10 Orellana A. Betätigungsorientierte Ergotherapie bei Morbus Parkinson. Berlin, Heidelberg: Springer; 2021

Sachverzeichnis

Empfehlungen von Amy Orellana

Erfahrungsberichte von Angehörigen und Betroffenen

Beyer K. Der junge Parkinson. Als PDF gratis zum Herunterladen unter www.derjungeparkinson.de

Elstner F, Volkmann J. »Dann zitter ich halt« – Leben trotz Parkinson: Symptome – Behandlung – Perspektiven. Ratgeber für Betroffene und ihre Angehörigen. Piper; 2021

Schröder H. Leben mit Parkinson: Achterbahn für Fortgeschrittene: Selbstbestimmt und lebensfroh trotz Parkinson. TRIAS; 2023

Strubinger M. Manchmal geschüttelt, immer berührt. Angehörige erzählen aus ihrem Parkinson Alltag. myMorawa; 2021

Strubinger M. Lebensmensch, Leben mit Parkinson aus Sicht einer Angehörigen. myMorawa; 2020

Hilfreiche Links (Stand: 24.01.2024)

Parkinson Verbund e. V.: parkinson-verbund.de

Bundesverband Parkinson Youngster: parkinson-youngster.de

Jung und Parkinson, die Selbsthilfe e. V.: www.jung-und-parkinson.de

Parkinson-Pate parkinsonpate.org

Hilde-Ulrichs-Stiftung: www.aktive-parkinsonstiftung.de

Deutsche Parkinson Vereinigung (dPV): www.dpv-bundesverband.de

Website, die Parkinson für Kinder und Jugendliche erklärt: www.parkinson-verstehen.de

Podcasts

»Jetzt erst recht!« von Kathrin Wersing (selbst betroffen) über podcast.de und überall wo es Podcasts gibt.

Bibliografische Information der Deutschen Nationalbibliothek
Die Deutsche Nationalbibliothek verzeichnet diese Publikation in der Deutschen Nationalbibliografie; detaillierte bibliografische Daten sind im Internet über http://dnb.d-nb.de abrufbar.

Programmplanung: Katja Liese, Celestina Filbrandt
Projektmanagement: Elisa Salemi
Redaktion: Anne Bleick
Bildredaktion: Christoph Frick, Marie Crämer
Umschlaggestaltung: © Thieme
Layout: CYCLUS · Visuelle Kommunikation, Stuttgart

Bildnachweis:
Covermotiv und Bild S. 3:
© Photographee.eu/stock.adobe.com
Autorinnenfoto: Amy Orellana
Adobe-Stock-Bilder: S. 4 © Halfpoint/stock.adobe.com – Stock photo. Posed by models; S. 8 © Pixel-Shot/stock.adobe.com - Stock photo. Posed by models; S. 66 © Siphosethu F/peopleimages.com/stock.adobe.com – Stock photo. Posed by models
Zeichnungen: Susi Schaaf, Bellheim
Die abgebildeten Personen haben in keiner Weise etwas mit der Krankheit zu tun.

1. Auflage 2024

TRIAS Verlag in Georg Thieme Verlag KG
Rüdigerstraße 14, 70469 Stuttgart, Germany
www.trias-verlag.de

Satz und Repro: Fotosatz Buck, Kumhausen
Druck: AZ Druck und Datentechnik GmbH, Kempten

Gedruckt auf chlorfrei gebleichtem Papier
Printed in Germany

ISBN 978-3-432-11782-9
eISBN (ePub) 978-3-432-11783-6

1 2 3 4 5 6

MIX
Papier | Fördert gute Waldnutzung
FSC
www.fsc.org
FSC® C008457

Unsere Umwelt ist uns wichtig!
Papier aus nachhaltigen und kontrollierten Quellen
Druck in Deutschland mit kurzen Lieferwegen
Druckereien mit hohen Ansprüchen an Ökologie

TRIAS, einer der führenden Ratgeberverlage im Bereich Gesundheit, gehört zur Thieme Gruppe, marktführender Anbieter medizinischer Fachinformationen und Services. Anspruch der Thieme Gruppe ist es, den im Gesundheitswesen tätigen Berufsgruppen sowie allen an Gesundheit Interessierten genau die Informationen und Angebote bereitzustellen, die sie in einer bestimmten Arbeitssituation oder Lebensphase benötigen. Durch die hohe Qualität und zielgruppenspezifische Relevanz der angebotenen Leistungen bereitet Thieme den Weg für eine bessere Medizin und mehr Gesundheit im Leben.

Thieme

Das richtige Rezept für jede Indikation

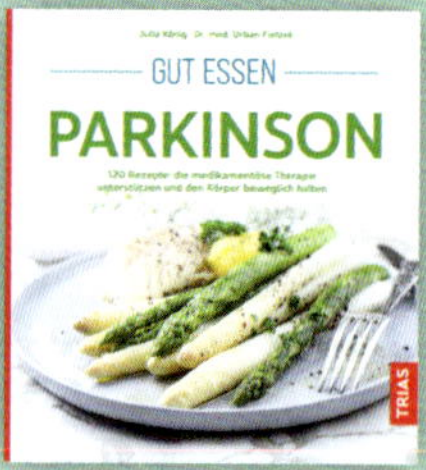

Julia König
Gut essen Parkinson

Dieter Pöhlau/Anne Iburg
Gesund essen Multiple Sklerose

Kirsten Metternich
Köstlich essen Diabetes

Astrid Laimighofer
Köstlich essen Divertikel

Christiane Schäfer/Anne Kamp
Köstlich essen Fruktose, Laktose & Sorbit meiden

Anne Iburg
Köstlich essen –Cholesterin senken

Gernot Keyßer
Köstlich essen – Rheuma

Gudrun Biller-Nagel
Gesund essen – Morbus Crohn & Colitis ulcerosa

Irmgard Landthaler/
Günther Wolfram
Köstlich essen bei Gicht

TRIAS

Auch erhältlich als E-Book!

Mehr Bücher finden Sie hier:
www.trias-verlag.de